Betriebswirt (IHK)

Martin Lesny
Gepr. Betriebswirt

Recht

Rechtliche Rahmenbedingungen der Unternehmensführung

Zusammenfassung für die IHK-Klausur

Prüfungsteil „Wirtschaftliches Handeln und betriebliche Leistungsprozesse“

Frankfurt a.M., Juli 2021

Letzte berücksichtigte Klausur:
Juni 2021

Kontakt: bw@fachwirteverlag.de

ISBN 978-3-95887-943-0
4. Auflage

V.1.01
Umschlaggestaltung: Simone Meckel

Herstellung und Vertrieb: BoD – Books on Demand

FSC www.fsc.org
MIX
Papier aus verantwortungsvollen Quellen
Paper from responsible sources
FSC® C105338

Inhaltsverzeichnis

Vorwort

In den letzten Wochen vor den Klausuren ist meist die Fülle der Unterlagen mehr bedrohlich als hilfreich. Bei der 1. Teilprüfung der Betriebswirte müssen fünf verschiedene Klausuren vorbereitet werden. Je näher der Prüfungstermin rückt, desto häufiger ist dann die Rede vom Mut zur Lücke.

Die vorliegende Reihe trägt dem Bedürfnis Rechnung, für diese Phase Zusammenfassungen zu haben, die auf alles verzichten, was nicht unmittelbar prüfungsrelevant ist, aber auch nichts weglassen, was in der Klausur an Wissen gebraucht wird. Bei der Erarbeitung wurden der Rahmenstoffplan mit allen Stichworten und alle seit 2012 in diesem Fach gestellten Klausurfragen berücksichtigt. Bei jedem Gliederungspunkt ist kursiv angegeben, in welcher Klausurfrage dieser Stoff vorkam. Man kann damit schnell bei jedem Thema die Relevanz erkennen und eine passende Klausuraufgabe zum Üben finden.

Für das tiefere Verständnis der Fächer und die Einsicht in die Gesamtzusammenhänge sind Textbände und Lehrbücher mit ihren Beispielen, Materialien, Übungsfragen und Erläuterungen unverzichtbar. Aber für die effektive Prüfungsvorbereitung unter Zeitdruck ist eine kompakte Fassung wie diese besser geeignet.

Nach jeder Prüfung werden alle davon betroffenen Bände der Reihe überarbeitet; in den Klausuren eventuell aufgetretene neue Themen werden ergänzt bzw. erweitert, und die Angabe der gestellten Themen wird integriert.

Abkürzungsverzeichnis

Abs.	Absatz
AEUV	Vertrag über die Arbeitsweise der Europäischen Union
AG	Aktiengesellschaft
AGB	Allgemeines Geschäftsbedingungen
AGG	Allgemeines Gleichbehandlungsgesetz
AktG	Aktiengesetz
ArbG	Arbeitgeber
ArbN	Arbeitnehmer
ArbZG	Arbeitszeitgesetz
Art.	Artikel
AÜG	Arbeitnehmerüberlassungsgesetz
Aufg.	Aufgabe
AV	Arbeitsvertrag
BBiG	Berufsbildungsgesetz
BetrVG	Betriebsverfassungsgesetz
BGB	Bürgerliches Gesetzbuch
BR	Betriebsrat
BUrlG	Bundesurlaubsgesetz
bzw.	beziehungsweise
d.h.	das heißt
DSGVO	Datenschutzgrundverordnung
e.K.	eingetragener Kaufmann
EntgFG	Entgeltfortzahlungsgesetz
EU	Europäische Union
ff	fortfolgende
GbR	Gesellschaft bürgerlichen Rechts („BGB-Gesellschaft“)
GewO	Gewerbeordnung
GG	Grundgesetz
GmbH	Gesellschaft mit beschränkter Haftung
GmbHG	GmbH-Gesetz

GWB	Gesetz gegen Wettbewerbsbeschränkungen
HGB	Handelsgesetzbuch
i.d.R.	in der Regel
InsO	Insolvenzordnung
i.V.	in Vollmacht
i.V.m.	in Verbindung mit
Kap.	Kapitel
KG	Kommanditgesellschaft
KGaA	Kommanditgesellschaft auf Aktien
KSchG	Kündigungsschutzgesetz
MuSchG	Mutterschutzgesetz
NachweisG	Nachweisgesetz
OHG	Offene Handelsgesellschaft
ppa.	per procura autoritate
ProdhaftG	Produkthaftungsgesetz
S.	Satz
SGB IX	Sozialgesetzbuch Neuntes Buch
TVG	Tarifvertragsgesetz
TzBfG	Teilzeit- und Befristungsgesetz
u.A.	unter Anderem
u.Ä.	und Ähnliches
UG	Unternehmergesellschaft
u.U.	unter Umständen
UWG	Gesetz gegen den unlauteren Wettbewerb
UZK	Zollkodex der Union
Vertikal-GVO	Gruppenfreistellungsverordnung für vertikale Vereinbarungen und abgestimmte Verhaltensweisen
WE	Willenserklärung
z.B.	zum Beispiel
§	Paragraph
§§	Paragraphen

1. Haftungstatbestände

Haftungstatbestände für Unternehmen und die Unternehmensleitung

1.1 Haftungstatbestände des BGB / HGB

Haftung ist ein Begriff aus dem Zivilrecht. Wird danach gefragt, wer haftet, dann wird gefragt, an wen sich ein Anspruch richtet. Es wird also danach gefragt, wer dazu verpflichtet ist, eine bestimmte Handlung vorzunehmen. In einfachen Worten: Wer kann wegen etwas belangt werden? Wer wird zur Verantwortung gezogen? Für etwas zu haften bedeutet rechtlich, dass jemand einen Anspruch gegen einen Schuldner erheben kann.

Definition eines zivilrechtlichen Anspruch: Das Recht (des Gläubigers) von jemandem (Schuldner) ein Tun oder Unterlassen zu verlangen.

Beispiele für zivilrechtliche Ansprüche

- *Zahlung einer bestimmten Geldsumme*
- *Unterlassung einer wettbewerbswidrigen Werbung*
- *Lieferung einer Kaufsache*
- *Verpflichtung zum Schadensersatz*

Ansprüche entstehen aus einem Schuldverhältnis. Es gibt

- **gesetzliche** Schuldverhältnisse
- **vertragliche** Schuldverhältnisse

Vertragliche Schuldverhältnisse setzen einen Vertrag der Parteien voraus, gesetzliche Schuldverhältnisse entstehen durch die Erfüllung eines gesetzlich normierten Tatbestandes. Haftung setzt eine Anspruchsgrundlage voraus, die einem Schuldner die Verantwortung für etwas zuweist. Dies setzt im Regelfall Verschulden voraus. Ausnahmen von dieser Regel sind nur gesetzlich geregelte Fälle, wie z.B.

- die verschuldensunabhängige Gefährdungshaftung
- die Herstellerhaftung aus dem Produkthaftungsgesetz
- die gesetzliche Gewährleistung (z.B. aus Kauf- oder Werkvertrag)

1.1.1 Vertragliche Haftung

2016 Herbst Aufg.1b

Vertragliche Haftung setzt mit Ausnahme der „culpa in contrahendo"-Fälle (s.u.) einen Vertrag zwischen dem Anspruchsberechtigten und dem Schuldner voraus. Die zentralen Anspruchsgrundlagen §280 BGB („Schadensersatz wegen Pflichtverletzung") und §281 BGB („Schadensersatz wegen nicht wie geschuldet erbrachter Leistung") werden für alle Vertragsarten verwendet. Daneben gibt es die speziellen Regeln zu den einzelnen Vertragsarten, insbesondere die Mängelrechte aus denen sich eine vertragliche Haftung ergeben kann.

Schadensersatz wegen Pflichtverletzung *2018 Herbst Aufg.1a*
Wenn der Schuldner eine Vertragspflicht verletzt, so ist er nach §280 BGB zum Schadensersatz neben der Leistung verpflichtet. Neben den Hauptpflichten (z.B. Lieferung einer mängelfreien Sache) gibt es auch Nebenpflichten, wie z.B. Rücksichtnahme auf Eigentum des Vertragspartners bei der Leistungserbringung. Dieser Anspruch setzt ein Verschulden (Vorsatz oder Fahrlässigkeit) des Schuldners voraus (§280 in Verbindung mit §276 BGB). Nach §278 BGB hat der Schuldner ein Verschulden seines **Erfüllungsgehilfen** wie ein eigenes Verschulden zu vertreten. Erfüllungsgehilfe ist ein Mitarbeiter oder jede Person (z.B. Subunternehmer), die vom Schuldner beauftragt wird, bei der Vertragserfüllung mitzuwirken.

Wenn ein Mitarbeiter eines Handwerkers bei der Reparatur eines Wasserhahns fahrlässig eine Vase zerstört, hat der Auftraggeber einen vertraglichen Schadensersatzanspruch gegenüber dem Handwerker.

Ein Schadenersatzanspruch kann zusätzlich zu der Leistung bestehen („Schadensersatz **neben** der Leistung“) oder als Ersatz für die Leistung („Schadensersatz **statt** der Leistung“, §§280 Abs.3, 281, 282, 283 BGB).

Ersatz vergeblicher Aufwendungen

Anstelle eines Anspruchs auf Schadensersatz statt der Leistung kann der Gläubiger auch gemäß §284 BGB Ersatz seiner Aufwendungen verlangen. Voraussetzung ist aber ein wirksamer Anspruch auf Schadensersatz statt der Leistung.

Kunde K fährt zu Verkäufer V, um die gekaufte Vase abzuholen. Wenn diese durch ein Verschulden des V zerstört wird, kann K nach §§280, 283, 284 BGB verlangen, dass seine Fahrtkosten ersetzt werden, da er diese nur im Vertrauen auf den Erhalt der Vase aufgewendet hatte.

Culpa in Contrahendo

Bereits der Eintritt in die Vertragsverhandlungen oder die Anbahnung eines Vertrages begründen gemäß §311 Abs.2 BGB (vorvertragliche) Schutzpflichten, bei deren Verletzung eine vertragliche Schadensersatzpflicht gemäß §280 BGB eingreifen kann. Da sich der Geschädigte für die Vertragsverhandlung in die Reichweite des anderen Teils begeben hat, soll er auf eine gesteigerte Sorgfalt seines Verhandlungspartners vertrauen können. Durch die sog. culpa in contrahendo werden die vertragsorientierten Vermögensinteressen des Vertragspartners geschützt.

Beispiel:
Eine Kundin rutscht auf einem Gemüseblatt in einem Kaufhaus aus. Bereits bei Betreten des Kaufhauses entsteht ein rechtsgeschäftlicher Kontakt, wenn der Geschädigte es in Betracht gezogen hat, einen Kaufvertrag einzugehen. Sie hat damit einen

vertraglichen Schadensersatzanspruch gegen das Unternehmen nach §280 BGB, wenn die anderen Voraussetzungen erfüllt sind (Schaden, Kausalität, Verschulden).

Prüfschema vertraglicher Schadensersatz
1. Vertrag (Ausnahme: § 311 BGB)
2. Pflichtverletzung (siehe §§ 241, 242 BGB)
3. Vertreten müssen (siehe §276 BGB, nach § 278 muss Schuldner auch Verschulden von Erfüllungsgehilfen immer verantworten)
4. kausaler Schaden

1.1.2 Haftung aus Gesetz

2016 Herbst Aufg.1b | 2014 Früh Aufg.1b

Eine Haftung aus Gesetz setzt keinen Vertrag voraus. Das Schuldverhältnis entsteht, wenn der Schuldner die jeweiligen Voraussetzungen aus der gesetzlichen Anspruchsgrundlage erfüllt und dem Geschädigten dadurch ihm gegenüber Rechte zugestanden werden.

Unerlaubte Handlung *2018 Herbst Aufg.1c*

Eine unerlaubte Handlung aus der eine deliktische Haftung entsteht muss keine Straftat sein, sondern aktives oder unterlassenes Handeln, durch die ein anderer geschädigt wird, z.B. eine fahrlässige Sachbeschädigung.

Eine Haftung aus unerlaubter Handlung setzt kein Vertragsverhältnis voraus. Zentrale Norm ist §823 BGB, diese schützt allerding nur sogenannte absolute Rechte und Rechtsgüter (Gesundheitsverletzung, Körperverletzung, Freiheitsberaubung, Eigentumsverletzung, Verletzung des allgemeinen Persönlichkeitsrecht). Voraussetzung für Schadensersatzanspruch aus §823 sind

- ✓ Verschulden (Anspruchsgegner muss vorsätzlich oder fahrlässig gehandelt haben)

- ✓ Rechtsverletzung (Rechtsgut des Anspruchsinhaber muss verletzt worden sein)
- ✓ Rechtswidrigkeit (keine Rechtfertigung z.B. durch ordnungsgemäße Amtsausübung bei Polizei o.Ä., Notwehr, Notstand, Nothilfe, Einwilligung (z.B. bei ärztlichen Eingriff)
- ✓ Kausalität (Handlung muss den Schaden verursacht haben)
- ✓ Schaden

Von der Haftung ausgeschlossen sind nach §828 Abs.1 BGB Kinder unter sieben Jahren und bei einem nicht vorsätzlich herbei geführten Verkehrsunfall Kinder unter zehn Jahren (§828 Abs.2 BGB). Bewusstlose oder vorübergehende Unzurechnungsfähige sind nach §827 BGB gleichfalls für einen Schaden nicht verantwortlich, es sei denn sie haben sich durch Alkohol o.Ä. selbst in diesen Zustand versetzt.

Haftung für den Verrichtungsgehilfen

Die Anspruchsgrundlage gegen den Geschäftsherrn ohne Voraussetzungen eines Vertrages für unerlaubte Handlungen seiner Mitarbeiter ist der §831 BGB. Gemäß §831 Abs.1 BGB haftet der Geschäftsherr für Schäden, die seine Verrichtungsgehilfen anrichten. Die Verrichtungsgehilfen müssen - anders als die Erfüllungsgehilfen bei §278 BGB - weisungsgebunden sein, also z.B. Mitarbeiter seines Betriebes. Die Handlung des Verrichtungsgehilfen muss in Ausführung und nicht nur bei Gelegenheit der Verrichtung geschehen.

> *Der Mitarbeiter überfährt auf dem Weg von zu Hause zu seiner Arbeit einen Dritten. Hierfür muss der Arbeitgeber nicht gemäß §831 Abs.1 BGB einstehen. Anders wäre es bei einem Kurierfahrer, wenn die Fahrt Teil der Arbeitsleistung ist.*

Der Geschäftsherr kann sich nach §831 Abs.1 S.2 BGB durch **Exkulpation** von der Haftung befreien. Dafür muss er beweisen, dass

- ✓ der Mitarbeiter sorgfältig ausgewählt wurde (dieser z.B. nicht durch Unachtsamkeit aufgefallen ist)
- ✓ und die Arbeitsleistung regelmäßig überwacht wird

Keine Haftung tritt ein, wenn der Mitarbeiter sorgfältig gehandelt hat.

Unterscheidung Erfüllungsgehilfe / Verrichtungsgehilfe

Erfüllungsgehilfe ist jede Person, derer man sich bedient eine vertragliche Verpflichtung zu erfüllen. Dabei spielt es keine Rolle, ob diese Person weisungsgebunden ist (also z.B. ein Arbeitnehmer) oder nicht (z.B. ein Subunternehmer). Das Verschulden des Erfüllungsgehilfen ist stets dem Auftraggeber zurechenbar.

Verrichtungsgehilfe kann nur eine weisungsgebundene Person sein. Es kommt nicht darauf an, ob der Verrichtungsgehilfe eine Vertragspflicht erfüllt oder einen sonstigen Auftrag ausführt. Der Geschäftsherr (also z.B. der Arbeitgeber) haftet für das Verschulden des Verrichtungsgehilfen, wenn er sich nicht exkulpieren kann.

Schadensersatz *2018 Herbst Aufg.2c*

Nach §249 Abs.1 BGB ist der Anspruchsberechtigte so zu stellen, wie wenn das zum Schadensersatz verpflichtende Ereignis nicht eingetreten wäre.

Beim **positiven Interesse** geht es um den Erfüllungsschaden, d.h. um den Schaden, der durch Nichterfüllung des Vertrages entstanden ist. Der Geschädigte wird dann so gestellt, wie wenn der Vertrag ordnungsgemäß erfüllt worden wäre. Darin ist z.B. der entgangene Gewinn enthalten.

Das **negative Interesse** ersetzt den Vertrauensschaden, d.h. den Schaden, den man erleidet, weil auf die Gültigkeit einer Erklärung vertraut wurde. Dem Geschädigten geht es darum, so gestellt zu werden, als hätte es den Vertrag nie gegeben.

Gefährdungshaftung

Als **Gefährdungshaftung** wird nach deutschem Recht die Haftung für Schäden bezeichnet, die eintreten, ohne dass die haftpflichtige Person sie verschuldet hat. Damit definiert das Gesetz eine Ausnahme von der sonst grundsätzlich verschuldensabhängigen Haftung in Deutschland, bei der im Schadensfall **Fahrlässigkeit oder Vorsatz** vorliegen müssen, damit die Schadensersatzpflicht eintritt.

Ausgenommen von der verschuldensabhängigen Haftung werden dabei Bevölkerungsgruppen, bei denen der Gesetzgeber davon ausgeht, dass von ihrer Tätigkeit oder ihrem Gegenstand auch ohne Vorsatz oder Fahrlässigkeit eine besondere Gefahr ausgeht. Haftbar ist dabei jeweils die Person oder Personengruppe, die die Sache oder Anlage besitzt, von der eine Gefahr ausgeht, weil sie den Nutzen aus der Gefährdung anderer zieht. Für folgende Personengruppen wird Gefährdungshaftung angesetzt:

- Halter von Fahrzeugen im Straßenverkehr, von Luftfahrzeugen und Tieren
- Betreiber von Anlagen aus den Bereichen Gentechnik, Energie und Umweltschutz
- Betreiber von Eisen- und Straßenbahnen

Produkthaftungsgesetz *2019 Früh Aufg.1b, 4b | 2016 Herbst Aufg.1c | 2015 Herbst Aufg.1b,c | 2014 Früh Aufg.1b*

Für einen Schaden, der durch ein mangelhaftes Produkt entsteht, kann ein Schadensersatzanspruch aus einem Vertrag entstehen. Dieser setzt jedoch einen Vertrag sowie ein Verschulden voraus. Häufig besteht jedoch die Vertragsbeziehung zu einem Händler, der den Fehler nicht zu vertreten hat. Der Hersteller bzw. Lieferant des Händlers ist auch kein Erfüllungsgehilfe im Sinne des §278 BGB.

Es könnte auch ein deliktischer Anspruch gegen den Hersteller bestehen, die sogenannte deliktische Produzentenhaftung aus

§823 BGB. Da aber ein Verschulden häufig nicht nachweisbar ist, nimmt das Produkthaftungsgesetz den Hersteller **unabhängig vom Verschulden und eines Vertrages** in die Haftung.
Als Hersteller gilt jeder, der auch nur ein Teilprodukt hergestellt oder sein Markenzeichen angebracht hat. Als Hersteller gelten auch der Importeur für Waren außerhalb der EU und der Lieferant, falls der Hersteller nicht festgestellt werden kann (§4 ProdhaftG).
Die Haftungsobergrenze bei Personenschäden liegt bei 85 Mio. Euro (§10 ProdhaftG), bei Sachbeschädigung wird die Haftung auf Sachen beschränkt, die im **privaten Gebrauch** sind (§1 ProdHaftG). Hier gibt es eine Selbstbeteiligung von 500 Euro (§11 ProdHaftG).
Die Verjährungsfrist beträgt drei Jahre und beginnt mit dem Zeitpunkt, bei dem der Geschädigte von dem Schaden, dem Fehler und den Ersatzpflichtigen Kenntnis erlangt haben muss (§12 ProdHaftG). Der Anspruch erlischt zehn Jahre nach dem der Hersteller das Produkt, das den Schaden verursacht hat, in den Verkehr gebracht hat (§13 ProdhaftG).

Prüfschema Produkthaftungsgesetz

Anspruchsgrundlage §1 ProdhaftG
1. Produkt (§2 ProdhaftG)?
2. Fehler (§3 ProdhaftG)?
3. Sach- oder Personenschaden (§1 Abs.1 ProdhaftG)?
4. Kausalität?
5. Hersteller (§4 ProdhaftG)?
6. wichtige Ausschlussgründe:

→beschädigte Sache nicht im privaten Gebrauch?
→schadensverursachender Fehler erst später entstanden (§1 Abs.2 Nr.2)?
→Verjährung (§12 ProdhaftG)?
→Selbstbeteiligung bei Sachschaden (500€)

1.1.3 Haftung, Willensbildung und Vertretung von Personen- und Kapitalgesellschaften

Im Wirtschaftsleben spielen Gesellschaften eine zentrale Rolle. Gesellschaften sind freiwillige Zusammenschlüsse auf dem Gebiet des Privatrechts von grundsätzlich mindestens zwei Personen, die einen gemeinsamen Zweck verfolgen. Eine Erbengemeinschaft ist daher keine Gesellschaft, da der Zusammenschluss nicht freiwillig erfolgt. Die Regelungen zum Gesellschaftsrecht finden sich im BGB (z.B. GbR), HGB (z.B. KG, OHG) und in Spezialgesetzen wie etwa dem GmbHG oder AktG.

1.1.3.1 Begriff des Kaufmanns

Das HGB regelt das Sonderprivatrecht für Kaufleute. Es enthält Ausnahmeregelungen, ergänzt oder modifiziert die Bestimmungen des BGB. Die Sonderregelungen des HGB haben stets Vorrang vor dem BGB. Wenn ein Kaufmann an einem Rechtsgeschäft beteiligt ist, ist zu prüfen, ob eine Sonderregelung des HGB greift (z.B. bei der Bürgschaft oder dem Handelskauf).

Der Kaufmannsbegriff im HGB und der Begriff des Unternehmers im BGB darf nicht verwechselt werden. Unternehmer ist jede natürliche oder juristische Person, die bei Abschluss eines Rechtsgeschäftes in Ausübung ihrer gewerblichen oder selbständigen beruflichen Tätigkeit handelt. Dies ist viel weiter gefasst, als der Kaufmann des HGB. Jeder Kaufmann handelt bei seinen Handelsgeschäften als Unternehmer, aber nicht immer umgekehrt.

Die Kaufleute werden in den §§ 1-6 HGB definiert:

Ist-Kaufmann

Kaufmann ist gemäß §1 HGB, wer ein Handelsgewerbe betreibt. Dies ist jeder Gewerbebetrieb, der einen in kaufmännischer Weise eingerichteten Geschäftsbetrieb erfordert. Ein Gewerbebetrieb liegt vor, wenn folgende Kriterien erfüllt sind:

- ✓ **Selbstständige Tätigkeit**
- ✓ **Kein Freiberufler** (siehe §18 EStG)
- ✓ **Entgeltlichkeit**
- ✓ **Nachhaltigkeit** (planmäßige und auf Dauer angelegte Tätigkeit)
- ✓ **Nach außen gerichtet**, Teilnahme am üblichen Geschäftsverkehr

Kaufmännischer Geschäftsbetrieb wird anhand folgender Kriterien beurteilt:
Umfang der Geschäftstätigkeit (bei bilanzpflichtigen Umsatz von über 600.000€ immer zu bejahen, allerdings spricht schon bei einen Jahresumsatz von über 250.000€ vieles für einen kaufmännischen Geschäftsbetrieb)
und (nicht oder!)
Art der Geschäftstätigkeit (z.B. größere Lagerhaltung, Vielzahl von Erzeugnissen oder Leistungen, internationale Tätigkeit)
Wenn die Kaufmannseigenschaften des §1 HGB erfüllt sind, ist es ohne Belang, ob der Kaufmann im Handelsregister eingetragen ist.

Kann-Kaufmann

Ein gewerbliches Unternehmen gilt als Handelsgewerbe, wenn die Firma des Unternehmens in das Handelsregister eingetragen ist (§2 HGB).
Jeder Gewerbetreibende kann durch Eintragung in das Handelsregister eine Kaufmannseigenschaft begründen. Dies ist neben Kleingewerbetreibende für land- und forstwirtschaftliche Betriebe von Bedeutung, da diese keine Ist-Kaufmänner sein können (§3 HGB). Wer jedoch im Handelsregister eingetragen ist, kann nicht mehr geltend machen, kein Handelsgewerbe zu betreiben (§5 HGB, Kaufmann kraft Eintragung).

Form-Kaufmann
Die Handelsgesellschaften (OHG, KG, AG, GmbH, KGaA, ...) sowie die eingetragenen Genossenschaften haben die Verpflichtungen sich ins Handelsregister (bzw. Genossenschaftsregister) eintragen zu lassen und werden daher als Form-Kaufmann bezeichnet (§6 HGB).

Schein-Kaufmann
Wer sich andern gegenüber als Kaufmann ausgibt, ohne ein Handelsgewerbe auszuüben, muss sich diesem gutgläubigen Dritten gegenüber auch als Kaufmann behandeln lassen.

Firma *2020 Herbst Aufg.1b | 2019 Früh Aufg.1a,e | 2014 Früh Aufg.1a,e*
Firma eines Kaufmanns ist der **Name**, unter dem er seine Geschäfte betreibt (§17 HGB). In der Alltagssprache wird Firma als Bezeichnung für das gesamte Unternehmen verwendet („Herr Meyer betreibt eine Firma in München"). Dies ist jedoch nicht die rechtliche Bedeutung des Begriffs.
Die Firma darf auch bei Besitzerwechsel unter dem bisherigen Namen weitergeführt werden, wenn der bisherige Eigentümer ausdrücklich einwilligt (§22 HGB). Dies gilt auch, wenn die Firma den Namen des bisherigen Eigentümers enthält (z.B. „Stefan Schneider Computerhandel e.K."). Ist nichts Gegenteiliges im Handelsregister eingetragen und bekannt gemacht oder Dritten mitgeteilt worden, tritt der Erwerber in alle im Betrieb des Geschäftes begründeten Verbindlichkeiten des früheren Inhabers ein (§25 Abs.1 HGB).
Die Firma muss
- zur Kennzeichnung geeignet sein und **Unterscheidungskraft** besitzen (§§18 Abs.1 HGB) – die Firma „Lebensmittelhandel e.K." besitzt diese Unterscheidungskraft nicht, es muss daher ein individualisierender Zusatz aufgenommen werden, z.B. „Mayer Lebensmittelhandel e.K.").

- sich von anderen im Handelsregister eingetragenen Firmen vor Ort deutlich unterscheiden (§30 HGB) – falls vor Ort bereits eine Firma „Mayer Lebensmittel e.K." besteht, wäre im vorherigen Fall diese Unterscheidungskraft nicht gegeben.
- Der Name darf **nicht irreführend** sein (§18 Abs.2 HGB). Eine Irreführung liegt vor, wenn die Angaben bei den angesprochenen Verkehrskreisen eine fehlerhafte Vorstellung hervorrufen könnte. Der Firma „Mayer Wissenschaftsverlag oHG" ist irreführend, wenn diese keine wissenschaftliche Arbeiten publiziert, die Forma „Milchbar Reeperbahn KG" ist zulässig, auch wenn diese Cocktails ausschenkt.
- Nach §19 HGB muss die Firma eines eingetragenen Kaufmanns, einer Offenen Handelsgesellschaft oder Kommanditgesellschaft die Rechtsform durch eine allgemein verständlichen Zusatz kenntlich machen (z.B. e.K., OHG, KG). Auch die Haftungsbeschränkung des Vollhafters in einer OHG oder KG muss gekennzeichnet werden (z.B. GmbH & Co. KG).

1.1.3.2 Handelsregister

2020 Herbst Aufg.1c

Das Handelsregister ist öffentlich und wird vom Registergericht, einer Abteilung des Amtsgerichts (§1 Handelsregisterverordnung) geführt. Das Handelsregister hat 2 Abteilungen (§2 HRV):

- Abteilung A für Einzelkaufleute, OHG, KG und juristische Personen des ÖR
- Abteilung B für Kapitalgesellschaften und Versicherungsvereine auf Gegenseitigkeit

Im Handelsregister müssen u.a. folgende Tatsachen eingetragen werden:

- Kann-Kaufmann (§2 HGB)
- Firma (§ 29 HGB)
- Geschäftssitz und Zweigniederlassungen (§ 29 HGB)

- Änderung der Firma oder der Inhaber (§31(1) HGB)
- Erlöschen der Firma (§ 31(2) HGB)
- Insolvenzverfahren (§ 32 HGB)
- Prokura (§ 53 HGB)
- Gründung einer OHG (§106 HGB), KG (§162 HGB), GmbH (§7 GmbHG), AG (§36 AktG)

In das Handelsregister können Vereinbarungen nicht eingetragen werden, die den gesetzlichen Regelungen widersprechen (z.B. der Ausschluss der persönlichen Haftung eines OHG-Gesellschafters, §128 HGB) oder für die keine Eintragung vorgesehen ist (z.B. Erteilung der Handlungsvollmacht, §54 HGB). Diese Vereinbarungen sind **eintragungsunfähig**.
Vereinbarungen, die nur bei Eintragung gegenüber Dritten wirksam werden (z.B. Haftung für Geschäfte vor Eintritt in die Firma, §28(2) HGB), können eingetragen werden. Es besteht aber keine Eintragungspflicht, da das Unterlassen der Eintragung dazu führt, dass die Vereinbarung nur gegenüber solchen Dritten wirkt, denen diese mitgeteilt wurde.
Das Handelsregister hat eine negative und eine positive Publizitätswirkung:

- **Positive Publizität**: Eine eingetragene Tatsache ist gegenüber einem Dritten wirksam, auch wenn dieser davon keine Kenntnis hatte oder die Tatsache unrichtig ist (§15(2) und (3) HGB).
Das Stammkapitel der Schmidt GmbH wird versehentlich mit 500.000 Euro eingetragen. Tatsächlich verfügt die GmbH nur über ein Stammkapital von 50.000 Euro. Gegenüber Gläubigern, die keine Kenntnis von dem tatsächlichen Stammkapital haben, gilt jetzt aufgrund der positiven Publizität des Handelsregisters als Mindesthaftungskapital der Gesellschaft die 500.000 Euro.
- **Negative Publizität:** So lange der Eintrag in das Handelsregister jedoch noch nicht erfolgt ist, muss ein Dritter diese Tatsachen nicht gegen sich wirken lassen (§15(1) HGB).

Die Kern & Co. OHG betreibt einen Autosalon. K, Lang und Otto sind Gesellschafter der OHG, Otto tritt aus der Gesellschaft aus ohne dass dies im Handelsregister bekannt gemacht wird. Otto kann von Gläubigern der OHG, die von seinem Ausscheiden keinen Kenntnis haben, persönlich haftbar gemacht werden.

Man unterscheidet beim Handelsregister die **deklaratorische** von der **konstitutiven Wirkung**. Eine deklaratorische Wirkung ist rechtsbekundend, die Eintragung vermittelt folglich eine Kenntnis über eine zuvor eingetretene Tatsache.

Der Prokurist wird nicht erst mit der Eintragung ins Handelsregister zum Prokuristen, er ist es ab dem Moment seiner Ernennung, auch wenn die Eintragung verpflichtend ist.

Eine konstitutive Wirkung ist rechtserzeugend. Erst durch eine Eintragung ins Handelsregister wird etwas wirksam.

Eine neu zu gründende GmbH wird erst durch ihren Eintrag ins Handelsregister rechtswirksam zur GmbH.

1.1.3.3 Juristische Personen / Personengesellschaften

Fundamental ist die Unterscheidung zwischen Personengesellschaften und juristischen Personen.

Juristische Personen (Kapitalgesellschaften) treten mit wirksamer Gründung rechtlich vollkommen selbständig neben ihren Gründungsgesellschaftern auf und sind eigenständige Rechtssubjekte. Daher werden sie auch als Gesellschaften mit eigener Rechtspersönlichkeit bezeichnet. Dagegen sind **Personengesellschaften** - obwohl nach §14 Abs.2 BGB auch rechtsfähig - deutlich weniger verselbständigt. So sind die mitarbeitenden Gesellschafter einer OHG oder einer GbR keine Arbeitnehmer, sondern Mitunternehmer. Etwaige Vergütungen für eine Tätigkeit im Unternehmen sind deshalb kein Arbeitslohn, sondern Gewinn. Dies gilt auch für die Komplementäre und im Regelfall die Kommanditisten einer KG.

Auch steuerrechtlich ist die Unterscheidung zwischen Personen- und Kapitalgesellschaft wesentlich. Die Kapitalgesellschaften sind selbst körperschaftssteuerpflichtig, während Gewinne aus einer Personengesellschaft bei den Gesellschaftern als Einkommen versteuert werden.

Der „numerus clausus" der Gesellschaften bedeutet, dass ausschließlich vom Gesetzgeber vorgegebene Rechtsformen gewählt werden können. Eine Vermischung der Formen (z.B. GbR mit beschränkter Haftung) ist unzulässig. Aus der Niederlassungsfreiheit der EU ergibt sich jedoch die Möglichkeit jede in einem EU-Mitgliedsland anerkannte Rechtsform zu wählen (von Bedeutung war hier die britische „Limited").

1.1.3.4 Gesellschaft mit beschränkter Haftung (GmbH)

2014 Herbst Aufg. 1a-f | 2020 Früh Aufg.1a-c

Die GmbH ist nach §13 Abs.1 GmbHG eine juristische Person mit eigener Rechtspersönlichkeit und kann zu jedem gesetzlich zulässigen Zweck gegründet werden (§1 GmbHG). Das Kapital wird als **Stammkapital** bezeichnet und beträgt gemäß §5 Abs.1 GmbHG mindestens 25.000 Euro. Bei der Bargründung einer GmbH müssen die Gesellschafter mindestens ein Viertel ihres Geschäftsanteils (der Stammeinlage) einzahlen. In Summe müssen die eingezahlten Anteile aller Gesellschafter zusätzlich mindestens die Hälfte des Mindeststammkapitals (12.500 Euro) erreichen. Werden in die GmbH Sacheinlagen eingebracht, ist dies nur in voller Höhe der jeweiligen Stammeinlage möglich (§7 Abs.2 GmbHG). Die Gesellschaft ist nach §7 Abs.1 GmbHG bei dem Gericht, in dessen Bezirk sie ihren Sitz hat, zur Eintragung in das Handelsregister (Abteilung B) anzumelden. Der Inhalt der Anmeldung ist in §8 GmbHG geregelt, es müssen u.A. der Gesellschaftsvertrag, die Legitimation der Geschäftsführer und eine Gesellschafterliste beigefügt werden. Die

Übertragung der Geschäftsanteile erfolgt durch Abtretung. Gemäß §15 Abs.3 und 4 GmbHG sind sowohl der Kaufvertrag als auch die Abtretung selbst notariell zu beurkunden.

Geschäftsführung / Vertretung

Die GmbH wird durch den Geschäftsführer vertreten, der durch den Gesellschaftsvertrag bestimmt oder von der Gesellschafterversammlung bestellt wird. Daneben kann freiwillig ein Aufsichtsrat als weiteres Organ bestellt werden (§52 GmbHG). Bei GmbH mit über 500 ArbN ist der Aufsichtsrat aufgrund der Mitbestimmungsregeln obligatorisch.

Haftung

Nach erfolgter Eintragung in das Handelsregister haftet die GmbH nur mit dem Gesellschaftsvermögen, die Gesellschafter haften somit mittelbar mit ihrer Einlage.
Da die GmbH gemäß §11 Abs.1 GmbHG erst mit der Eintragung in das Handelsregister entsteht, lassen sich die verschiedenen Gründungsstadien unterscheiden:
Mit dem Beschluss der Gründer eine Gesellschaft zu errichten wird eine sogenannte **Vorgründungsgesellschaft** begründet. Diese ist als Personengesellschaft nicht körperschaftssteuerpflichtig, darf jedoch schon geschäftlich tätig werden. Die Gesellschafter haften für Forderungen der Vorgründungsgesellschaft unbeschränkt, persönlich und solidarisch.
Mit dem Abschluss und der notariellen Beurkundung des Gesellschaftsvertrags entsteht die **Gründungsgesellschaft**, die bereits körperschaftssteuerpflichtig ist. Die Vorgesellschaft kann Trägerin von Rechten und Pflichten sein und nach außen durch ihre Organe handeln. Sie ist aktiv und passiv parteifähig sowie firmenrechtsfähig, muss aber die Bezeichnung „in Gründung" oder „i.G." dem Rechtsformzusatz anfügen. Bei der Haftung für Verbindlichkeiten einer Gründungsgesellschaft gilt die **Handelndenhaftung**. Die namens der Gesellschaft Handelnden

trifft nach §11 Abs. 2 GmbHG eine persönliche unbeschränkte Haftung. Handelnde nach dieser Vorschrift sind aber nicht alle Mitarbeiter der Gesellschaft, sondern lediglich die Geschäftsführer oder die, die wie solche auftreten, z. B. Gesellschafter, die sich zum faktischen Geschäftsführer aufschwingen.
Die Rechte und Pflichten aus solchen Geschäften gehen mit der Eintragung der Gesellschaft voll auf diese über. Im gleichen Zeitpunkt erlischt an sich die Haftung des Handelnden und der Gründer. Ist aber infolge solcher Vorbelastungen das Stammkapital wertmäßig nicht mehr gedeckt, so haften die Gesellschafter insoweit anteilig für den Fehlbetrag.

Geschäftsführerhaftung

Die Geschäftsführer der GmbH haften gemäß §43 GmbHG persönlich, unbeschränkt und solidarisch für

- schuldhaftes Eingehen unverhältnismäßiger Risiken bei Geschäftsabschlüssen (in Abgrenzung zu „bloß" riskanten Geschäften)
- Missachtung von Weisungen der Gesellschafter
- Missachtung der Grenzen der Vertretungsmacht
- Verletzung gesetzlicher Pflichten (z. B. Auslösen einer Geldbuße wegen Verstoßes gegen das ArbZG)

Der GmbH gegenüber sind die Geschäftsführer gemäß §64 S.1 GmbHG zum Ersatz von Zahlungen verpflichtet, die nach Eintreten der Zahlungsunfähigkeit oder Überschuldung der Gesellschaft geleistet wurden, es sei denn diese Zahlungen sind mit der Sorgfalt eines ordentlichen Kaufmanns vereinbar, wie z.B. die Abführung der ArbN-Anteile zur Sozialversicherung (§64 S.2 GmbHG). Dabei kommt es nicht auf die Kenntnis der Insolvenzreife an, die Geschäftsführer müssen folglich jederzeit eine Überblick über die wirtschaftliche Situation der GmbH haben.

1.1.3.5 Unternehmergesellschaft (haftungsbeschränkt)

2016 Früh Aufg.1a

Gemäß §5a GmbHG kann bei einem Mindeststammkapital unter 25.000 Euro eine Unternehmergesellschaft (haftungsbeschränkt) gegründet werden. Nach §5a Abs.3 GmbHG besteht für die UG eine Pflicht zur Rücklagenbildung in Höhe von 25% des durch den Verlustvortrag geminderten Jahresüberschusses bis das Mindeststammkapital der GmbH erreicht ist.

Die Unternehmergesellschaft muss die Bezeichnung "Unternehmergesellschaft (haftungsbeschränkt)" oder "UG (haftungsbeschränkt)" führen, die Einlage muss bei Gründung in voller Höhe erbracht werden und eine Sachgründung ist ausgeschlossen.

Für die UG (haftungsbeschränkt) gelten die gleichen Vertretungs-, Geschäftsführungs- und Haftungsregelungen wie für die GmbH.

1.1.3.6 Aktiengesellschaft (AG)

Die AG verfügt gemäß §1 AktG über eine eigene Rechtspersönlichkeit. Das Grundkapital ist der in der Satzung festgesetzte Betrag, den die Gründer durch Übernahme der Aktien aufbringen müssen. Die Mitgliedschaft in einer AG wird als Aktie bezeichnet. Diese bestehen aus einem Anteil am Grundkapital und müssen auf einen Nennbetrag lauten oder als Stückaktien begründet werden.

Geschäftsführung / Vertretung / Organe

Der **Vorstand** führt die Geschäfte (§§76,77 AktG) und vertritt die AG nach §78 AG. Diese Vertretungsbefugnis des Vorstands kann gemäß §82 AktG nicht beschränkt werden.

Zur Kontrolle der AG ist der **Aufsichtsrat** berufen. Er besteht gemäß §95 AktG aus 3 bis 21 Mitgliedern und bildet das Kontrollorgan.

Die **Hauptversammlung** ist das Organ, in dem die Aktionäre ihre Rechte ausüben. Die Aufgaben der Hauptversammlung sind in §119 AktG geregelt.

Haftung

Die AG haftet gegenüber den Gläubigern beschränkt auf das Vermögen der Gesellschaft. Als Mindesthaftungseinlage muss das Grundkapital der AG unbedingt erhalten bleiben. Der Vorstand haftet der AG gemäß §93 AG bei Pflichtverletzungen.

1.1.3.7 Gesellschaft bürgerlichen Rechts (GbR)

2018 Früh Aufg.1a-c,e | 2020 Früh Aufg.1b

Die Abkürzung "GbR" steht für "Gesellschaft bürgerlichen Rechts" (wird auch als BGB-Gesellschaft bezeichnet und ist in den §§705ff BGB geregelt). Eine GbR ist keine juristische Person, sondern die einfachste Form der Personengesellschaft und die Rechtsform, die am schnellsten gegründet werden kann. Sie besteht mindestens aus zwei Gesellschaftern, die sich durch dazu verpflichten, einen gemeinsamen Zweck zu verfolgen. Die Rechtsform der GbR eignet sich für eine dauerhafte Zusammenarbeit ebenso wie für kurzfristige Zusammenschlüsse. Die Gründung der GbR setzt eine Mindestanzahl von zwei Gesellschaftern voraus. Gesellschafter kann jede natürliche, aber auch eine juristische Person (z. B. eine GmbH) sein. Errichtet wird die GbR durch einen formlosen Gesellschaftsvertrag, der schriftlich oder mündlich geschlossen werden kann. Ein gesetzlich vorgeschriebenes Mindeststammkapital gibt es bei der GbR nicht.

Die GbR ist rechtsfähig, kann also selber Vertragspartner werden und Schuldnerin bzw. Gläubigerin daraus folgender Ansprüche sein. Aus der Rechtsfähigkeit der GbR ergibt sich auch deren Parteifähigkeit im Zivilprozess, was für die Praxis sehr bedeutsam ist. Die GbR kann damit nämlich als Partei selbst klagen und Leistung an sich selbst verlangen. Ebenso kann die

GbR als solche auch verklagt werden, d.h. es muss nicht mehr jeder einzelne Gesellschafter verklagt werden.

Geschäftsführung und Vertretung *2018 Früh Aufg.1c*
Die Geschäftsführung der GbR steht gemäß §709 Abs.2 BGB den Gesellschaftern gemeinschaftlich zu. Für jedes Geschäft ist die Zustimmung aller Geschäftsführer erforderlich. Abweichend kann jedoch der Gesellschaftsvertrag eine andere Geschäftsführung regeln (z.B. jeder Gesellschafter einzeln oder durch einen Gesellschafter). Die geschäftsführenden Gesellschafter haben nach §714 BGB auch die Vertretungsmacht.

Haftung *2018 Früh Aufg.1d*
Bei der GbR gelten die Haftungsregelungen der OHG (§§ 124 Abs. 2, 128 HGB) entsprechend. Die Gesellschafter haften demnach gesamtschuldnerisch neben der Gesellschaft selbst. Ein Gesellschaftsgläubiger kann daher für die von der GbR geschuldete Leistung jeden Gesellschafter persönlich mit dessen gesamtem Vermögen unbeschränkt, unmittelbar und primär, also nicht nur nachrangig zur GbR, in Anspruch nehmen.

1.1.3.8 Offene Handelsgesellschaft (OHG)
Die OHG ist in §§105 ff HGB geregelt. Sie ist die kaufmännische Sonderform der GbR und wird im Handelsregister eingetragen. Wesensmerkmal der OHG ist die unbeschränkte Haftung aller Gesellschafter.
Es sind mindestens zwei Partner erforderlich. Eine Ein-Personen-OHG ist nicht möglich. Gesellschafter können neben natürlichen Personen auch juristische Personen und rechtsfähige Personengesellschaften sein.
Gesellschaftszweck muss der Betreib eines Handelsgewerbes sein. Damit können Freiberufler keine OHG gründen. Die OHG ist gemäß 124 HGB rechts- und parteifähig. Träger von Rechten und Pflichten ist daher ausschließlich die Gesellschaft.

Geschäftsführung / Vertretung

Zur Führung der OHG sind nach §114 Abs.1 HGB alle Gesellschafter berechtigt und verpflichtet. Wenn im Gesellschaftsvertrag die Geschäftsführung auf einzelne Gesellschafter übertragen wurde, sind die anderen Gesellschafter nach §115 Abs.2 HGB von der Geschäftsführung ausgeschlossen.

Zur Vertretung ist nach §125 Abs.1 HGB jeder Gesellschafter ermächtigt.

Gemäß §112 HGB gilt ein Wettbewerbsverbot für Gesellschafter. Diese dürfen weder in dem gleichen Handelszweig noch in einer anderen gleichartigen Handelsgesellschaft als persönlich haftender Gesellschafter teilnehmen.

Haftung

Nach §128 HGB gilt stets eine vollständige private Haftung der Gesellschafter. Diese haften mit ihrem Privatvermögen unbeschränkt und solidarisch für Forderungen gegenüber der OHG. Wer in eine OHG eintritt, haftet gemäß §130 HGB auch für die vor seinem Eintritt begründeten Verbindlichkeiten der Gesellschaft. Eine andere Vereinbarung ist nach §130 Abs.2 Dritten gegenüber unwirksam.

1.1.3.9 Kommanditgesellschaft (KG)

2020 Herbst Aufg.1a | 2014 Früh Aufg.1c

- Die Kommanditgesellschaft ist eine **Sonderform der OHG** (§161 Abs.2 HGB).
- Sie besteht aus einen oder mehreren persönlich haftenden Gesellschaftern (**Komplementäre**) und den Gesellschaftern, deren Haftung auf Ihre Einlage begrenzt ist (**Kommanditisten**). Es muss zumindest ein voll haftender Gesellschafter sowie ein Kommanditist vorhanden sein.
- Die Gründung ist formfrei, die KG muss in das Handelsregister eingetragen werden.

- Auf die KG sind die Regeln der OHG anwendbar (§161 Abs.2 HGB). Sie muss ein Handelsgewerbe betreiben, wird **bereits mit Aufnahme der Geschäftstätigkeit (auch vor der Eintragung) gegründet** und ist rechts- und parteifähig.

Geschäftsführung / Vertretung *2019 Früh Aufg.1c | 2017 Früh Aufg. 1a | 2014 Früh Aufg.1c*

Zur Führung der Geschäfte und Vertretung der KG ist jeder Komplementär alleine berechtigt (§§ 161 Abs.2, 114 Abs.1, 115 Abs.1 HGB).

Die Kommanditisten sind zwar Gesellschafter und es stehen ihnen Kontrollrechte zu. Allerdings geht es hier primär um eine Form der Kapitalbeteiligung. Deshalb sind Kommanditisten nach §164 HGB von der Geschäftsführung und gemäß 170 HGB von der Vertretung der KG ausgeschlossen. Sie können den Handlungen des persönlich haftenden Gesellschafters nicht widersprechen, es sei denn, dass dieser eine Handlung vornimmt, die über den gewöhnlichen Betrieb des Handelsgewerbes der Gesellschaft hinausgeht (§164 HGB), also z.B. den Gesellschaftszweck ändern will. Für die Kommanditisten gilt gemäß §165 HGB das Wettbewerbsverbot der Gesellschafter nach den §§112, 113 HGB nicht.

Haftung *2019 Herbst Aufg.1c | 2019 Früh Aufg.1d | 2017 Herbst Aufg.2a,b | 2017 Früh Aufg. 1b-f | 2014 Früh Aufg. 1d*

Für ihre Verbindlichkeiten haftet die KG mit ihrem gesamten Vermögen. Zudem haften die Komplementäre gemäß §§161 Abs.2, 128 HGB unbeschränkt, persönlich und solidarisch. Die Haftung der Kommanditisten ist jedoch maximal auf ihre Einlage begrenzt. Solange die Einlage nicht erbracht ist, müssen die Kommanditisten gegenüber Gläubigern der KG gemäß §171 Abs.1 HGB in dieser Höhe haften. Eine Stundung der Einlage ist gegenüber den Gläubigern nach §172 Abs.3 HGB unwirksam. Für die bereits geleistete Einlage scheidet jede weitere Haftung aus. Dies gilt auch bei Übertragung des Anteils auf

einen neuen Kommanditisten. Solange die Einlage auf den Geschäftsanteil vollständig geleistet ist, haftet dieser nicht. Die Haftung des Kommanditisten tritt nach §172 Abs.4 HGB wieder ein, wenn eine Rückzahlung der Einlage an ihn erfolgt.
Der Kommanditist haftet gemäß §173 Abs.1 HGB auch für die vor seinem Eintritt begründeten Verbindlichkeiten der KG in der Höhe seiner Einlage. Eine entgegenstehende Vereinbarung ist im Außenverhältnis unwirksam (§173 Abs.2 HGB).
Eine Besonderheit besteht bei Geschäften vor vollzogener Eintragung in das Handelsregister. Nach §176 HGB haftet jeder Kommanditist, der dem Geschäftsbeginn zugestimmt hat, für die bis zur Eintragung begründeten Verbindlichkeiten der Gesellschaft gleich einem persönlich haftenden Gesellschafter, es sei denn, dass seine Beteiligung als Kommanditist dem Gläubiger bekannt war.

1.1.3.10 GmbH &Co. KG

2019 Herbst Aufg.1a,b,d

Die GmbH &Co. KG ist rechtlich eine KG, an der eine GmbH als (zumeist) einziger Komplementär beteiligt ist. Ziel dieser Gesellschaftsform ist es, die Haftung der beteiligten Gesellschafter zu beschränken. Sie ist als KG eine Personengesellschaft, aufgrund der Beteiligung einer haftungsbeschränkten juristischen Person als Vollhafter entstehen jedoch einige Besonderheiten:

- Die GmbH &Co. KG wird gemäß §§125, 161 Abs.2 HGB von der GmbH vertreten und diese durch ihren Geschäftsführer (§35 GmbHG)
- Für Verbindlichkeiten der KG haftet nach den §§161 Abs.2, 128 HGB die GmbH mit ihrem gesamten Vermögen. Dadurch lässt sich gemäß §13 Abs.1 GmbHG eine beschränkte Haftung herbeiführen.

- Obwohl die GmbH &Co. KG keine juristische Person ist, sind die Vertreter nach §15a Abs.1 S.2 InsO bei Zahlungsunfähigkeit und Überschuldung verpflichtet, einen Insolvenzantrag zu stellen.

1.1.3.11 Kommanditgesellschaft auf Aktien / KGaA

Die Kommanditgesellschaft auf Aktien ist eine Aktiengesellschaft, bei der der Vorstand aus den persönlich haftenden Komplementären besteht. Wird daher als Mischform zwischen KG und AG bezeichnet, ist jedoch nach §278 AktG eine **Kapitalgesellschaft** mit eigener Rechtspersönlichkeit. Aktionäre haben deutlich weniger Einfluss haben und z.B. eine feindliche Übernahme ist ausgeschlossen. Üblich bei größeren Familienunternehmen.

Der persönlich haftende Komplementär kann auch eine haftungsbeschränkte Gesellschaft sein (Gmbh & Co. KGaA, AG & Co. KGaA).

Übersicht der Gesellschaftsformen

Rechtsform	Kapital / Einzahlung	Gründerzahl	Haftung
Einzelunternehmen (Nichtkaufleute)	• kein festes Kapital • keine Mindesteinzahlung	1	unbeschränkt mit Geschäfts- und Privatvermögen
Einzelkaufleute	• kein festes Kapital • keine Mindesteinzahlung	1	unbeschränkt mit Geschäfts- und Privatvermögen
GbR	• kein festes Kapital • keine Mindesteinzahlung	≥ 2	Gesellschaftsvermögen, Gesellschafter gesamtschuldnerisch mit Privatvermögen
OHG	• kein festes Kapital • keine Mindesteinzahlung	≥ 2	Gesellschaftsvermögen, Gesellschafter gesamtschuldnerisch mit Privatvermögen
KG	• kein festes Kapital • keine Mindesteinzahlung • Kommanditeinlage notwendig (Höhe beliebig)	≥ 2	Gesellschaftsvermögen Komplementäre unbeschränkt Kommanditisten in Höhe der nicht geleisteten Einlage
GmbH	• Mindeststammkapital 25.000 € • 12.500 € Mindesteinzahlung bei Gründung	≥ 1	nur mit Gesellschaftsvermögen (nach Eintragung in das HR)
UG (haftungsbeschränkt)	• Mindeststammkapital 1€ • vollständige Einzahlung bei Gründung	≥ 1	wie GmbH
AG	Mindestgrundkapital: 50.000 €	≥ 1	nur mit Gesellschaftsvermögen (nach Eintragung in das HR)
GmbH & Co. KG	• wie GmbH • Kommanditeinlage notwendig (Höhe beliebig)	≥ 1	Gesellschaftsvermögen der KG und der GmbH Kommanditisten in Höhe der nicht geleisteten Einlage
KGaA	Mindestgrundkapital: 50.000 €	≥ 1	Gesellschaftsvermögen Komplementäre unbeschränkt

Rechts-form	Geschäftsführung / Vertretung	Handels-register	Vertrag / Form-vorschriften	Pflicht zur Insolvenzan-meldung
Einzelunter-nehmen (Nichtkauf-leute)	Inhaber	nein	keine	nein
Einzelkauf-leute	Inhaber Prokurist möglich	ja	keine	nein
GbR	gemeinsame Geschäftsfüh-rung Vertretung durch alle Gesell-schafter (andere Regelung im Gesellschaftervertrag mög-lich)	nein	Gesellschaftsvertrag formfrei	nein
OHG	Einzelgeschäftsführung und Einzelvertretung durch jeden Gesellschafter (andere Rege-lung im Gesellschaftsvertrag möglich) Prokurist möglich	ja	Gesellschaftsvertrag formfrei	nein
KG	Komplementär Prokurist möglich	ja	Gesellschaftsvertrag formfrei	nein
GmbH	Geschäftsführer Geschäftspolitik: Gesellschaf-terversammlung und Auf-sichtsrat (sofern vorhanden) Prokurist möglich	ja	Schriftform und notari-elle Beurkundung des Gesellschaftsvertrags	ja
UG (haftungs-beschränkt)	Geschäftsführer Geschäftspolitik: Gesellschaf-terversammlung Prokurist möglich	ja	wie GmbH	ja
AG	Vorstand Geschäftspolitik: Aufsichtsrat, Hauptversammlung Prokurist möglich	ja	Schriftform und notari-elle Beurkundung der Satzung gesetzlich geregelte Mindestinhalte	ja
GmbH & Co. KG	Geschäftsführung und Vertre-tung durch GmbH, diese wird durch Geschäftsführer vertre-ten Prokurist möglich	ja	KG Gesellschaftsver-trag formfrei GmbH Gesellschafts-vertrag wie bei GmbH	ja
KGaA	persönlich haftender Gesell-schafter (Komplementär)	ja	wie bei AG	ja

1.2 Folgen der Haftung im Rahmen des Insolvenz- und Zwangsvollstreckungsverfahrens

1.2.1 Insolvenzrecht

Das Insolvenzrecht regelt die Verfahrensweise bei zahlungsunfähigen Schuldnern. Das Insolvenzverfahren ist ein Gesamtvollstreckungsverfahren über das Vermögen des Schuldners, daher sind Vollstreckungshandlungen einzelner Gläubiger während des Insolvenzverfahrens unzulässig. Im Insolvenzverfahren wird die **Masse** (das Vermögen des Schuldners) verwertet, bestehende Rechtsverhältnisse können abgewickelt werden (z.B. Arbeitsverhältnisse, aber auch sonstige längerfristige Verbindlichkeiten) und dem Schuldner die Gelegenheit zu einer Restschuldbefreiung gegeben.

Ziele des Insolvenzverfahrens (§1 InsO)

- Gemeinschaftliche Befriedigung der Gläubiger durch Verwertung des Vermögens des Schuldners und Verteilung des Erlöses
- Erhalt des Unternehmens durch abweichende Regelung im Insolvenzplan
- Redlicher Schuldner wird von seinen restlichen Verbindlichkeiten befreit

Zuständigkeit *2017 Herbst Aufg.2c*

Zuständig ist das Insolvenzgericht, eine Abteilung des Amtsgerichts am Wohnort oder Sitz des Schuldners (§2, §3 InsO).

Eröffnung Insolvenzverfahren (§§11ff InsO)

Insolvenzverfahren kann über Vermögen jeder natürlichen und juristischen Person, Personengesellschaften sowie Nachlässe eröffnet werden. Insolvenzverfahren wird nur auf schriftlichen Antrag eröffnet (§13 InsO). Antragsberechtigt sind die Gläubiger und der Schuldner (§13 InsO).

Antragspflicht *2019 Herbst Aufg.1d | 2017 Herbst Aufg.2c*
Antragspflichtig sind gemäß §15a InsO die Mitglieder des Vertretungsorgans bei juristischen Personen und Personengesellschaften mit einem haftungsbeschränkten Vollhafter (z.B. GmbH & Co KG) spätestens 3 Wochen nach Zahlungsunfähigkeit (aber nicht bei drohender Zahlungsunfähigkeit!) oder 6 Wochen nach Eintritt der Überschuldung. Strafandrohung: bis zu 3 Jahre Freiheitsstrafe, bei Fahrlässigkeit bis zu 1 Jahr.

Eröffnungsgründe *2017 Herbst Aufg.2c*
Voraussetzung für Insolvenzverfahren ist gemäß §16 InsO ein Eröffnungsgrund:
- **Zahlungsunfähigkeit** (§17 InsO)
- **Drohende Zahlungsunfähigkeit** (nur bei Antrag des Schuldners, §18 InsO)
- **Überschuldung** (nur bei juristischen Personen, §19 InsO)

Ablehnung der Eröffnung des Insolvenzverfahrens (§26 InsO)
Wenn die Insolvenzmasse (= gesamtes Vermögen des Schuldners §35 InsO) nicht ausreicht, die Verfahrenskosten zu decken, wird die Eröffnung abgelehnt und die Gesellschaft mangels Masse aufgelöst. Bei natürlichen Personen werden die Verfahrenskosten gestundet, wenn ein Antrag auf Restschuldbefreiung gestellt wird (§ 4a InsO)

Insolvenzeröffnung (§§ 80ff InsO) *2015 Früh Aufg.2a,b | 2021 Früh Aufg.1a,c*
Bei Eröffnung des Verfahrens wird vom Insolvenzgericht in Abstimmung mit dem Gläubigerausschuss eine natürliche und unabhängige Person zum Insolvenzverwalter bestimmt (§ 56 InsO). Das Recht des Schuldners die Insolvenzmasse zu verwalten und darüber zu verfügen, geht auf den Insolvenzverwalter

über (§80 Abs.1 InsO). Bei noch nicht vollständig erfüllten Verträgen hat der Insolvenzverwalter nach §103 InsO das Wahlrecht, den Vertrag zu erfüllen und kann dann auch von der anderen Seite die Erfüllung verlangen. Verweigert der Insolvenzverwalter die Erfüllung oder reagiert auf eine Aufforderung zur Erklärung darüber nicht, so kann die andere Seite ihrerseits die Erfüllung verweigern. Dies ist z.B. bei einem Kauf unter Eigentumsvorbehalt von Bedeutung. Die Weigerung des Insolvenzverwalters den Kaufpreis zu bezahlen, berechtigt dann den Verkäufer zum Rücktritt ohne Fristsetzung und zur Aussonderung der Kaufsache.
Mit der Eröffnung der Insolvenz werden Zwangsvollstreckungen verboten (§89 InsO). Offene Forderungen können von den Gläubigern zur Insolvenztabelle angemeldet werden (§174 InsO).
Die Gläubigerversammlung beschließt, ob ein Gläubigerausschuss eingesetzt werden soll und wählt dessen Mitglieder (§67 InsO). Der Gläubigerausschuss unterstützt und überwacht den Insolvenzverwalter bei seiner Tätigkeit (§69 InsO).

! Da mit der Eröffnung des Insolvenzverfahrens das Verwaltungs- und Verfügungsbefugnis gemäß §80(1) InsO auf den Insolvenzverwalter übergeht, kann von dem Schuldner die Erfüllung von Verpflichtungen z.B. aus einem Kaufvertrag nicht mehr verlangt werden.

Vorrangige Befriedigung *2021 Früh Aufg.1b*
Obgleich im Prinzip die Gläubiger bei einer Insolvenz gleichgestellt sind, gibt es bestimmte Bevorzugungen:
1) **Aussonderung** (§47 InsO) – wer ein dingliches oder persönliches Recht (z.B. Eigentumsvorbehalt oder Rückzahlung Mietkaution nach Beendigung Mietvertrag) an einem Teil des Vermögens des Schuldners hat, darf diese aussondern – sie gehören dann nicht zur Insolvenzmasse und der Gläubiger ist kein Insolvenzgläubiger.

2) **Absonderung** (§§49ff InsO) – wer an Teilen der Insolvenzmasse besondere Sicherungsansprüche (z.B. Grundpfandrechte, Vermieterpfandrecht, Sicherungsübereignungen) hat, wird vorrangig aus der Insolvenzmasse befriedigt.
3) **Massegläubiger** (§53 InsO) – Die Kosten des Insolvenzverfahrens sowie weitere Masseverbindlichkeiten, das sind Verbindlichkeiten, die durch den Insolvenzverwalter bei Verwaltung und Verwertung der Insolvenzmasse begründet sind, werden als nächstes befriedigt.

Insolvenzquote

Alle übrigen Forderungen, die beim Insolvenzverwalter angemeldet wurden (=Tabellenforderungen), werden von diesem geprüft und dann gleichrangig berücksichtigt. Zinsen und Verfahrenskosten der Insolvenzgläubiger sowie Geldbußen u.Ä. werden nachrangig berücksichtigt.
Die Insolvenzquote berechnet sich aus der zu verteilenden Masse geteilt durch die Forderungen nach Aus- und Absonderung und Begleichung der Masseverbindlichkeiten. Diese wird dann an die Insolvenzgläubiger ausgezahlt.
Die Pleite GmbH hat Verbindlichkeiten in Höhe von 300.000 € nach Aussonderung des fremden Eigentums. Ein Darlehen in Höhe von 80.000 € ist durch ein Grundpfandrecht gesichert, dieses wird abgesondert und vorrangig bedient. Dann werden die Masseverbindlichkeiten (z.B. 20.000€) bedient. Die restliche Insolvenzmasse beträgt 40.000 €, die noch zu bedienenden Verbindlichkeiten liegen jetzt bei 200.000 €. Die Insolvenzquote beträgt 20%. Die Gläubiger bekommen 20% ihrer Forderungen erstattet. Ihre Zinsen und Verfahrenskosten können mangels Masse nicht mehr bedient werden.

Insolvenzplan (§§217ff InsO)
Bei der sogenannten Planinsolvenz wird abweichend von den Insolvenzregelungen ein Insolvenzplan (=Sanierungsplan) vorgelegt, der von den Gläubigern akzeptiert und vom Insolvenzgericht bestätigt werden muss. Ziel ist der Weiterbestand des Unternehmens. Bei einer Planinsolvenz in Eigenregie entfällt der Insolvenzverwalter und die bisherige Unternehmensleitung ist weiterhin verfügungsberechtigt. Gleichzeitig stehen ihr trotzdem die Sonderkündigungsrechte einer Insolvenz zu.

1.2.2 Zwangsvollstreckung

Die Zwangsvollstreckung darf auf Grund des staatlichen Gewaltmonopols grundsätzlich nur durch staatliche Vollstreckungsorgane wie Gerichtsvollzieher betrieben werden. Die Zwangsvollstreckung erfolgt auf Grundlage eines vollstreckbaren Titels, der den Schuldner zu einer Leistung verpflichtet.

2. Vertragsrecht

Vertragstypen und deren Gestaltung

2.1 Allgemeine Geschäftsbedingungen

2.1.1 Definition

2019 Herbst Aufg.2a

AGB sind alle für eine Vielzahl von Verträgen vorformulierte Bedingungen, die eine Vertragspartei der anderen bei Vertragsschluss stellt (§305 Abs.1 BGB).

Individuelle Vereinbarungen sind keine AGB und haben immer Vorrang (§305b BGB). Um den Verbraucher zu schützen, sieht das BGB eine Vielzahl von Einschränkungen für die Wirksamkeit von AGB vor:

2.1.2 Einbeziehung der AGB

2019 Herbst Aufg.2a | 2016 Herbst Aufg.2a | 2015 Früh Aufg.1c | 2014 Früh Aufg.2a

AGB werden nur dann Vertragsbestandteil, wenn der Verbraucher

- ✓ **einverstanden** ist
- ✓ auf die AGB **bei Vertragsschluss**
- ✓ ausdrücklich oder durch sichtbaren Aushang **hingewiesen wurde** und in
- ✓ zumutbarer Weise von den AGB **Kenntnis** genommen haben konnte (§ 305 Abs.2 BGB)

2.1.3 Unwirksame AGB-Klauseln

2019 Herbst Aufg.2b | 2016 Herbst Aufg.2b | 2015 Herbst Aufg.2.c,d | 2014 Früh Aufg.2a

Unwirksam sind die Klauseln in den AGB, wenn diese

- ➢ überraschend sind (§305c BGB)
- ➢ nach §309 BGB generell unwirksam sind
- ➢ nach §308 BGB mit Wertungsmöglichkeit unwirksam sind

- ➢ den Vertragspartner unangemessen benachteiligen, dies ist insbesondere dann der Fall, wenn damit vom wesentlichen Grundgedanken einer gesetzlichen Regelung abgewichen wird (§307 BGB).
- ➢ nicht klar und verständlich sind (§307 Abs.1 S.2 BGB)

Unwirksame AGB oder unwirksame AGB-Klauseln führen regelmäßig nicht zur Unwirksamkeit des Vertrages, an ihre Stelle treten stattdessen die gesetzlichen Regelungen (§306 BGB). Es gelten dann nicht etwa die gerade noch möglichen AGB, sondern die gesetzlichen Regelungen ohne AGB oder ohne die unwirksame Klausel.

Da ein Unternehmer im Umgang mit AGB versierter sein muss als ein Verbraucher, sind die Einschränkungen der AGB gegenüber einem Unternehmer geringer (§310 Abs.1 BGB):

- ✓ So gelten die strengen Bestimmungen des §305 Abs.2 bezüglich Einverständnis und Kenntnisnahme nicht für Unternehmer. Bei diesem muss lediglich ein Hinweis auf die Gültigkeit der AGB sowie eine zumutbare Kenntnisnahme (z.B. durch die Möglichkeit die AGB anzufordern) gegeben sein.
- ✓ Die einzelnen Verbotsklauseln der §§308 und 309 BGB gelten ebenfalls nicht für Unternehmer. Allerdings können diese Klauseln als Beispiele für die - auch für Unternehmer gültigen - Globalverbote der §§305c und 307 BGB herangezogen werden.

2.2 Allgemeines Vertragsrecht

2.2.1 Vertragsabschluss

2015 Früh Aufg.1a

Ein zweiseitiges Rechtsgeschäft (z.B. ein Kaufvertrag) entsteht durch **zwei übereinstimmende Willenserklärungen.** Die zeitlich erste WE wird als Antrag oder Angebot bezeichnet (§145 BGB), die spätere als Annahme (§146 BGB).

Die Willenserklärungen müssen

- ✓ Jeweils wirksam sein (die Nichtigkeit einer Willenserklärung führt zur Nichtigkeit des Vertrages)
- ✓ Inhaltlich übereinstimmen
- ✓ Mit Bezug aufeinander abgegeben werden
- ✓ Bei **empfangsbedürftigen** Willenserklärungen ist der Zugang notwendig (§130 BGB). Zugang bedeutet, dass die WE in den Machtbereich des Empfängers gelangt, er also die Möglichkeit der Kenntnisnahme hat.

In einem Angebot müssen alle wesentlichen Vertragsumstände enthalten sein, beim KV wären das die Vertragsparteien, Kaufgegenstand, Anzahl und Kaufpreis. Warenangebote im Supermarktregal, Werbeprospekte oder Online-Angebote stellen keine rechtsverbindlichen Antrag dar, sondern sind in der Regel eine sog. „invitatio ad offerendum“, also eine Aufforderung einen Antrag abzugeben. In diesen Fällen stellt der Käufer den Antrag und der Verkäufer nimmt diesen durch die Auftragsbestätigung (nicht durch eine Bestellbestätigung, diese ist keine Annahme) oder konkludent durch das Einleiten des Zahlvorgangs oder den Versand der Ware an.

Nach §145 BGB ist der Antragende an seinen Antrag gebunden. Der Antrag erlischt gemäß §146 BGB, wenn er abgelehnt oder nicht rechtzeitig angenommen wird. Wenn keine Annahmefrist bestimmt wird, kann ein persönlicher Antrag unter Anwesenden nach §147 nur sofort, ein Antrag unter Abwesenden nur in einer regelmäßig erwarteten Frist (brieflich eine Woche, E-mail

1-2 Tage) angenommen werden.
Eine verspätete oder abgeänderte Annahme führt nicht zu einem Vertrag, sondern ist nach §150 BGB als neuer Antrag zu werten.

Willenserklärung
WE besteht aus dem Willen, eine bestimmte Rechtsfolge herbeizuführen (innerer Tatbestand) und dies ausdrücklich oder durch schlüssiges (=konkludentes) Handeln zu erklären (äußerer Tatbestand). Schweigen ist regelmäßig keine Willenserklärung (Ausnahme z.B. beim Handelskauf, § 362 Abs.1 HGB). Eine reine Gefälligkeitshandlung ist keine WE.
Der innere Tatbestand, der „Wille“ kann aber objektiv kaum festgestellt werden. Um Rechtssicherheit herzustellen hat der BGH daher folgende Leitentscheidung getroffen:
„Trotz fehlenden Erklärungsbewusstseins (Rechtsbindungswillens, Geschäftswillens) liegt eine Willenserklärung vor, wenn der Erklärende bei Anwendung der im Verkehr erforderlichen Sorgfalt hätte erkennen und vermeiden können, dass seine Äußerung nach Treu und Glauben und der Verkehrssitte als Willenserklärung aufgefasst werden durfte, und wenn der Empfänger sie auch tatsächlich so verstanden hat.“
Eine irrtümlich abgegebene WE kann angefochten werden, es entsteht aber u.U. ein Schadensersatzanspruch.

2.2.2 Geschäftsfähigkeit

Geschäftsfähigkeit ist die Fähigkeit durch eine Willenserklärung Rechtsgeschäfte einzugehen. Sie ist zu unterscheiden von der Rechtsfähigkeit, durch die man potentieller Träger von Rechten und Pflichten wird. Rechtsfähig sind alle Menschen mit der Vollendung der Geburt sowie juristische Personen und rechtsfähige Personengesellschaften.
Geschäftsunfähig ist nach §104 BGB
1. wer nicht das siebente Lebensjahr vollendet hat,

2. wer sich in einem dauerhaften Zustand krankhafter Störung der Geistestätigkeit befindet.

Durch die Nichtigkeit der Willenserklärung (§105 Abs.1 BGB) ist auch ein Vertrag mit Geschäftsunfähigen von Anfang an nichtig. Gleiches gilt nach §105 Abs.2 BGB bei einer vorübergehenden Geschäftsunfähigkeit (Bewusstlosigkeit, Volltrunkenheit, vorübergehende Störung der Geistestätigkeit).

Beschränkte Geschäftsfähigkeit *2015 Herbst Aufg.2b*

Nach §106 BGB ist ein Minderjähriger ab dem 7.Lebensjahr beschränkt geschäftsfähig. Er benötigt für eine Willenserklärung, durch die er nicht lediglich einen rechtlichen Vorteil erlangt, die Einwilligung seines gesetzlichen Vertreters (§107 BGB). Rechtlich vorteilhaft sind nur Verträge aus denen keinerlei rechtliche Verpflichtung entsteht, unabhängig davon, ob sie wirtschaftlich vorteilhaft sind. Die Einwilligung wird **vor der** Willenserklärung dem Minderjährigen oder dem Vertragspartner gegenüber erteilt und ist **formfrei** (§182 Abs.1 und 2 BGB). Ein Vertrag eines Minderjährigen ohne Einwilligung ist **schwebend unwirksam**, d.h. seine Wirksamkeit hängt von der Genehmigung des gesetzlichen Vertreters ab (§108 Abs.1 BGB). Fordert der Vertragspartner eines schwebend unwirksamen Vertrags den Vertreter zu einer Erklärung, so muss diese nach §108 Abs.2 BGB ihm gegenüber erklärt werden (eine Erklärung gegenüber den Minderjährigen wird dann unwirksam). Nachdem der Minderjährige volljährig geworden ist, kann er selbst einen schwebend unwirksamen Vertrag genehmigen oder auch die Genehmigung verweigern.

Eine Ausnahme bildet der **Taschengeldparagraph** § 110 BGB, nachdem ein von dem Minderjährigen geschlossener Vertrag gilt als von Anfang an wirksam, wenn der Minderjährige die vertragsmäßige Leistung mit Mitteln bewirkt, die ihm zu diesem Zweck oder zu freier Verfügung von dem Vertreter überlassen worden sind. Die Verpflichtung muss vollständig erfolgt sein („bewirkt"). Jeder Ratenkauf oder längerfristige Vertrag (z.B. Handyvertrag) ist schwebend unwirksam, auch wenn der Minderjährige die Raten mit seinen Taschengeld bezahlen könnte.

Eine weitere Ausnahme gibt es nach den §§112 und 113 BGB bei **Selbständigkeit** und **Arbeitsverhältnissen**: Bei vorheriger Ermächtigung durch den gesetzlichen Vertreter (mit Genehmigung des Familiengerichts bei Selbständigkeit) ist der Minderjährige unbeschränkt geschäftsfähig für Rechtsgeschäfte, die der Geschäftsbetrieb oder das Arbeitsverhältnis mit sich bringt. Bei Arbeitsverhältnissen gilt das auch für das Eingehen und das Aufheben des Verhältnisses.

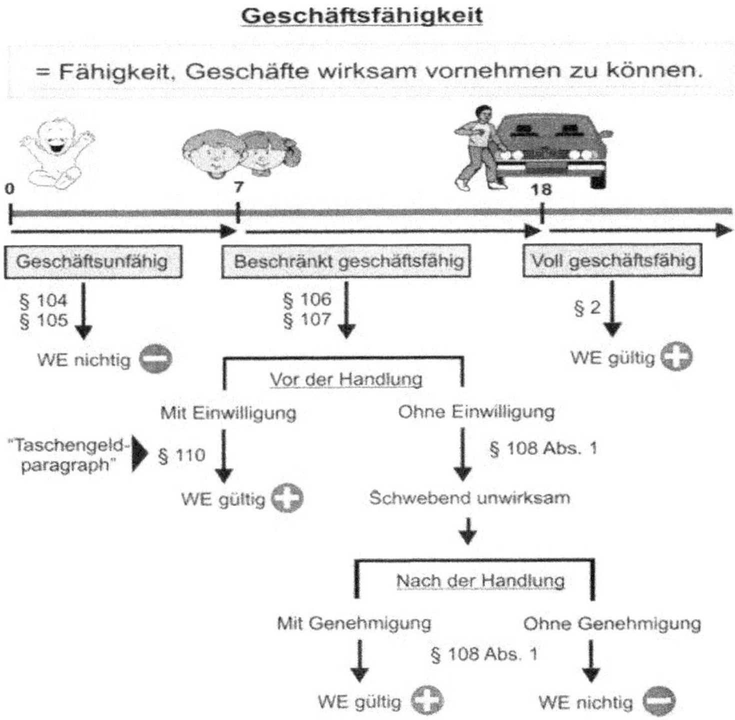

2.2.3 Stellvertretungsrecht

Bote übermittelt Willenserklärung eines anderen und hat keine Entscheidungsfreiheit. Dagegen gibt der **Vertreter** eine eigene Willenserklärung ab, handelt aber im Namen des Vertretenen. Voraussetzung ist nach §164 BGB, dass er erkennbar macht, für einen Anderen zu handeln. Die Willenserklärung des Vertreters wirkt für oder gegen den Vertretenen, wenn er innerhalb der ihm zustehenden **Vertretungsmacht** handelt. Diese kann man kraft Gesetz, z.B. Eltern für ihr Kind (§1629 BGB), Ehegatten (§1357 BGB), Vereinsvorstand (§26 BGB), GmbH Geschäftsführer) oder durch ein Rechtsgeschäft (= Vollmacht §167 BGB) erlangen.

Der Vertreter muss **erkennbar machen, im fremden Namen zu handeln**, sonst trifft das Rechtsgeschäft ihn selbst (§164 Abs.2 BGB). Vertreter kann **auch beschränkt geschäftsfähig** sein (§165 BGB, §§107 - 113 BGB kommt dann nicht zur Anwendung). Wer im eigenen Namen auf fremde Rechnung handelt (Kommissionär) ist kein Vertreter. Bei einem Vertreter ohne Vollmacht wird unterschieden, ob es sich

- ➢ um eine **Duldungs**- oder **Anscheinsvollmacht** handelt (der Vertretene also nicht gegen die unberechtigte Vertretung eingeschritten ist) oder diese aus **handelsrechtlichen Gründen im Außenverhältnis gültig** ist (z.B. Ladenangestellter, §56 HGB). Hier wirkt die WE gegenüber den Vertretenen.
- ➢ Oder um einen **Vertreter ohne Vertretungsmacht**. Hier hängt der Vertragsschluss von der Genehmigung des Vertretenen ab (§177 BGB), der Vertreter ohne Vertretungsmacht haftet dem unwissenden Dritten gegenüber nach §179 Abs.1 und 2 BGB.

Prokura *2020 Herbst Aufg.1c | 2020 Früh Aufg.2a+b*

Prokura (§48ff HGB) ist die umfangreichste handelsrechtliche Vertretungsmacht. Sie kann **nur von dem Inhaber** des Handelsgeschäftes und **nur mittels ausdrücklicher Erklärung** erfolgen.

Sie ist **im Handelsregister einzutragen** (§53 HGB), ist aber **bereits mit Erteilung wirksam** und **endet mit dem Widerruf**. Auch das **Erlöschen der Prokura muss in das Handelsregister eingetragen** werden (ansonsten darf sich ein Dritter weiterhin auf diese Prokura berufen). Die Unterzeichnung muss auf die Prokura hinweisen (z.B. „p.p.a." = per procura autoritate), § 51 HGB. Prokura berechtigt **zu allen gerichtlichen und außergerichtlichen** Geschäften, die ein Handelsgewerbe mit sich bringt (§49 Abs.1 HGB) mit Ausnahme von

- **Veräußerung oder Belastung von Grundstücken** (§49 Abs.2 HGB)
- sog. **Prinzipalgeschäften:**
  - **Anmeldung, Löschung oder Änderung des Handelsgewerbes** (§§29,31 HGB)
  - **Erteilung von Prokura** (§48 Abs.1 HGB)
  - **Unterzeichnung des Jahresabschlusses** (§245 HGB)

Beschränkungen der Prokura sind **nur nach innen wirksam** (§50 HGB).

Prüfschema Kaufvertrag nach widerrufener Prokura
1. Anspruchsgrundlage § 433 (2) BGB
2. Voraussetzung: 2 übereinstimmende WE
3. Vertretung nach §164 (1) BGB
4. Prokura wirksam erteilt §48 (1) HGB? HR-Eintrag nicht notwendig!
5. keine Vertretungsmacht, da Prokura durch Widerruf erlischt (§52(1) HGB)
6. Vertragspartner kann sich nach § 15(1) HGB bei Nichtkenntnis auf negative Publizität des Handelsregisters verlassen, da
7. Widerruf nach §53 HGB in das HR einzutragen ist
8. Ergebnis: wirksamer KV mit Kaufmann

Handlungsbevollmächtigter

Handlungsvollmacht (§54 HGB) kann **vom Inhaber oder dem Prokuristen** erteilt werden und wird **nicht im Handelsregister**

eingetragen. Sie umfasst **keine Grundstücksverkäufe oder -belastungen, Darlehensaufnahmen und Prozessvertretung**. Vollmacht kann sich auf alle Geschäfte und Rechtshandlungen (**Generalvollmacht**), auf eine Art von Geschäften (**Arthandlungsvollmacht**) oder auf die Vornahme einzelner Geschäfte (**Spezialhandlungsvollmacht**) erstrecken. Auch auf die Handlungsvollmacht muss in der Unterschrift hingewiesen werden („i.V." = in Vollmacht)

Laden- oder Lagerangestellter *2018 Früh Aufg.2a*

Ein Laden- oder Lagerangestellter ist grundsätzlich zur üblichen Warenannahme oder Verkäufen ermächtigt. (§56 HGB). Eine etwaige Beschränkung der Vollmacht hat keine Außenwirkung.

Handlungsgehilfe

ist der Arbeitnehmer, der in einem Handelsgewerbe zur Leistung kaufmännischer Dienste angestellt ist (z. B. Verkäufer, Buchhalter). Für Handlungsgehilfen gelten als arbeitsrechtliche Sonderregeln die §§ 59ff HGB. Dies betrifft insbesondere das gesetzliche Wettbewerbsverbot, dem zufolge der Handlungsgehilfe nur mit Einwilligung des ArbG für eigene oder fremde Rechnung Geschäfte machen darf. Eine Vereinbarung, dass dies auch für die Zeit nach Beendigung des Dienstverhältnisses besteht, bedarf nach §74 Abs.1 HGB der Schriftform.

Handelsvertreter

Der Handelsvertreter (§§84ff HGB) ist selbständiger Gewerbetreibender, der berechtigt und verpflichtet ist, für einen anderen Unternehmer **ständig Geschäfte zu vermitteln** oder **Geschäfte in dessen Namen abzuschließen**. Er wird unterschieden vom angestellten Reisenden. Er handelt **in fremden Namen** und **auf fremde Rechnung**. Handelsvertreter wird man durch Handelsvertretervertrag (§85 HGB), der Anspruch auf Provision ist in §87ff HGB geregelt.

Handelsmakler

Handelsmakler (§§93ff HGB) ist, wer **gewerbsmäßig für andere Geschäfte vermittelt ohne vertraglich ständig damit betraut zu sein**. Zu den Geschäften eines Handelsmaklers gehört die Vermittlung von Anschaffung und Veräußerung von Waren, Versicherungen, Güterbeförderung, Schiffsmiete oder sonstige Gegenstände des Handelsgeschäftes. Keine Handelsmakler mit den besonderen Rechten und Pflichten der HGB-Regelungen sind die Zivilmakler des BGB (z.B. Grundstücksmakler, Kreditvermittler).

2.2.4 Vertragsfreiheit

2020 Herbst Aufg.2cc

Generell gilt im deutschen Recht die **Vertragsfreiheit** (Privatautonomie), sofern nichts anderes rechtlich geregelt ist. Diese Freiheit besteht aus drei Teilen:

- **Abschlussfreiheit**: Jeder darf frei entscheiden, ob und mit wem er einen Vertrag abschließt. Ausnahme: Kontrahierungszwang z.B. bei Energiegrundversorger.
- **Inhaltsfreiheit**: Die Parteien können frei über den Inhalt Ihres Vertrages entscheiden. Einschränkungen z.B. bei AGBs und Verbrauchsgüterkauf.
- **Formfreiheit**: Die Vertragsparteien sind an keine bestimmte Form gebunden. Wichtige Ausnahmen: Schriftform bei Kündigung des Arbeitsverhältnisses (§623 BGB), Textform bei Widerrufsbelehrungen, handschriftlich bei Testament, notariell beurkundet bei Grundstücken (§311b Abs.1 BGB).

2.2.5 Formvorschriften

2016 Früh Aufg.1b

Das BGB kennt folgende Formvorschriften:

- **Schriftform** (§126 BGB), dabei muss die Urkunde eigenhändig unterschrieben oder durch notariell beglaubigtem Handzeichen unterzeichnet werden.

- **Elektronische Form** (§126a BGB), sofern das Gesetz dies nicht ausschließt (wie dies z.B. bei der Bürgschaft der Fall ist) kann die Schriftform durch die elektronische Form ersetzt werden. Dafür sind der Name und eine qualifizierte elektronische Signatur hinzuzufügen.
- **Textform** (§126b BGB)
- **Notarielle Beurkundung** (§128 BGB)
- **Öffentliche Beglaubigung** (§129 BGB)

Rechtsgeschäfte, die nicht der gesetzlichen oder vereinbarten Form entsprechen (§125 BGB) sind nichtig.

Heilung durch Erfüllung: Es gibt jedoch Schuldverträge, die nach der Erfüllung trotz Formverstoß wirksam werden:

- Grundstücksübertragung (§311b Abs.1 S.2 BGB)
- Bürgschaft (§766 S.3 BGB)
- Schenkung (§518 Abs.2 BGB)

2.3 Vertragsarten

2.3.1 Kauf- und Handelskaufvertrag

2019 Herbst Aufg.1c

Gegenseitigen Pflichten aus dem Kaufvertrag (§433 BGB):

Verkäufer	Käufer
Übergabe der Sache	Bezahlung des Kaufpreises
Eigentumsverschaffung an Käufer	Abnahme der Sache

! Aufgrund des **Abstraktionsprinzips** (Trennung des schuldrechtlichen Verpflichtungsgeschäfts vom sachenrechtlichen Verfügungsgeschäft) wird der Käufer nicht durch den Kaufvertrag oder die Bezahlung des Kaufpreises zum Eigentümer. Die Eigentumsübertragung findet nach den gesetzlichen Regelungen des Sachenrechts statt (z.B. Einigung und Übergabe, §929 BGB).

Mängelansprüche Kaufvertrag *2021 Früh Aufg.2a | 2020 Herbst Aufg.2a-cb | 2019 Früh Aufg.1b | 2017 Herbst Aufg.1a-c | 2017 Früh Aufg.2a,b | 2016 Herbst Aufg.1a | 2015 Herbst Aufg.1a | 2014 Herbst Aufg.2a*

Bei einer mangelhaften Kaufsache stehen dem Käufer nach §437 BGB folgende Recht zu:

- **Nacherfüllung** (§439 BGB): Der Käufer kann nach seiner Wahl die Beseitigung des Mangels oder die Neulieferung einer mangelfreien Sache verlangen. Der Verkäufer kann jedoch die vom Käufer gewählte Nacherfüllungsart verweigern, wenn diese nur mit unverhältnismäßigen Kosten möglich ist (§439 Abs.4 BGB). Gemäß §439 Abs.2 BGB hat der Verkäufer die notwendige Nacherfüllungskosten inkl. der Transportkosten zu tragen.
- **Rücktritt** oder **Minderung** (§441 BGB) unter der Voraussetzung von § 440 BGB (Nacherfüllung verweigert, fehlgeschlagen durch zwei erfolglose Versuche oder für Besteller unzu-

mutbar), §323 BGB (erfolglose Fristsetzung zur Nacherfüllung) oder §326 Abs.5 BGB (Unmöglichkeit der Nacherfüllung)

- bei Verschulden auch zusätzlich vertraglicher **Schadensersatz** oder **Ersatz vergeblicher Aufwendungen**

Mangelhaft ist eine Sache, wenn sie **bei Gefahrübergang** einen Sachmangel (§434) oder Rechtsmangel (§435) aufweist.

Sachmängelarten nach §434 *2021 Früh Aufg 2b | 2017 Herbst Aufg.1a,c*

- **Beschaffenheitsmangel**
  wenn eine bestimmte Beschaffenheit vereinbart wurde und die Sache nicht diese Beschaffenheit hat
- **Eignungsmangel** (bzw. Verwendungsmangel)
  wenn sich die Sache nicht für die vereinbarte oder übliche Verwendung eignet und nicht die übliche Beschaffenheit hat
- **Eigenschaftsmangel**
  wenn Eigenschaften, die aufgrund der Werbung oder öffentlichen Äußerungen des Herstellers oder Verkäufers erwartet werden konnten, nicht gegeben sind. Dies gilt nicht, wenn der Verkäufer die Äußerungen nicht kennen musste oder diese korrigiert hat. Die Nichtkenntnis der Inhalte der Werbung, Webseite oder Broschüren des Herstellers hat der Verkäufer jedoch zu vertreten.
- **Montagemangel**
  vereinbarte Montage durch den Verkäufer ist fehlerhaft
- **Montageanleitungsmangel**
  wenn die Montageanleitung fehlerhaft ist („IKEA-Mangel")

Wie ein Sachmangel behandelt wird:

- zu geringe Menge
- eine andere Sache

> **!** Nur wenn die Kaufsache einen dieser Mängel aufweist darf §437 BGB als Anspruchsgrundlage verwendet werden. Keinesfalls dürfen Ansprüche bei verspäteter Lieferung, Nichtleistung oder Schäden an einer anderen als der Kaufsache aus dem §437 BGB begründet werden. Die Anspruchsgrundlage für diese Fälle ist der §280 BGB.

Von einem **Rechtsmangel** spricht man dann, wenn Rechte Dritter am Kaufgegenstand bestehen (z.B. Eintragungsvormerkung, eingetragene Grundschuld, Grunddienstbarkeit), so dass der Käufer diese nicht erwerben kann.

Es muss immer geprüft werden, ob **der Mangel bereits bei Gefahrübergang** bestanden hat. Der Gefahr geht gemäß §446 BGB mit der Übergabe auf den Käufer über. Bei einem Versendungskauf (Verkäufer versendet die Kaufsache zum Käufer) geht die Gefahr mit der Übergabe an den Frachtführer / Spediteur auf den Küfer über (§447 BGB).

Verjährung des Mängelanpruchs *2020 Herbst Aufg.2c | 2014 Herbst Aufg.2c*

Die Mängelansprüche verjähren nach (§ 438 BGB)

- **2 Jahre bei allen sonstigen Sachen** oder Rechten
- 30 Jahre, wenn ein anderer einen Herausgabeanspruch z.B. aus Eigentum hat
- 5 Jahre bei Bauwerken und Bauteilen
- 3 Jahre beginnend mit dem Jahresende, wenn der Verkäufer den Mangel arglistig verschwiegen hat.

Die Verjährung beginnt mit der Ablieferung der Sache, bei Grundstücken mit der Übergabe. Die regelmäßige Verjährungsfrist bei Arglist beginnt am Ende des Jahres, an dem der Käufer Kenntnis von den Mangel hatte (§199 BGB). Die Verjährungsfristen dürfen bei einem Verbrauchsgüterkauf nicht auf unter 2 Jahren verkürzt werden (bei gebrauchten Sachen nicht unter einem Jahr). Zwischen Verbrauchern oder bei B2B-Geschäften dürfen die Gewährleistungsrechte ausgeschlossen oder die Verjährungsfristen beliebig verkürzt werden. Falls dies jedoch nicht vertraglich vereinbart wird, gelten auch hier die gesetzliche Regelungen.

Kenntnisnahme *2014 Herbst Aufg.2b*

Die Mängelrechte sind ausgeschlossen, wenn der Käufer den Mangel kannte oder kennen musste (§442 BGB). Wenn der Verkäufer den Mangel arglistig verschwiegen hat, bleiben die Mängelrechte bestehen, auch wenn dem Käufer der Mangel infolge grober Fahrlässigkeit unbekannt ist. Dies gilt nach §444 BGB auch auf eine Vereinbarung, durch welche die Rechte des Käufers wegen eines Mangels ausgeschlossen oder beschränkt werden.

Prüfschema Mängelrüge Kaufvertrag

- ✓ Anspruchsgrundlage §437 BGB
- ✓ KV zu Stande gekommen?
- ✓ Mangel?
- ✓ bei Gefahrübergang?
- ✓ Ausschlussgründe? Kenntnisnahme? Handelskauf (§377 HGB beachten!)? Verjährung?
- ✓ Anspruch: Nacherfüllung
- ✓ zusätzlich bei Schaden und Verschulden: Schadensersatz und Ersatz vergebener Aufwendungen
- ✓ Rücktritt oder Minderung nur wenn §440, §323 oder §326 Abs.5 BGB erfüllt ist

Handelskauf

Handelsgeschäfte sind nach §343 HGB alle Geschäfte eines Kaufmanns, die zum Betrieb seines Handelsgewerbes gehören. Im Zweifel sind dies nach §344 Abs.1 HGB alle Rechtsgeschäfte eines Kaufmanns.

Für den Handelskauf enthalten die §§373 ff. HGB Sonderbestimmungen, die die Regelungen der §§433 ff BGB ergänzen:

- Bei **Annahmeverzug** des Käufers ermöglicht §373 HGB die Hinterlegung und den Selbsthilfeverkauf durch den Verkäufer.
- der **Bestimmungskauf** (§375 HGB) ist ein KV, durch den eine beschleunigte und effektiven Vertragsdurchführung möglich ist. Dem Käufer ist hier die nähere Bestimmung über Form, Maß und ähnliche Eigenschaften der Kaufsache vorbehalten. Wenn der Käufer dieses Bestimmungsrecht nicht wahr nimmt, kann der Verkäufer die Wahl selbst treffen oder vom Vertrag zurück treten.
- **Fixgeschäft**: Nach §376 HGB ist auch bei einem relativen Fixgeschäft ein Rücktritt oder Schadensersatz ohne Fristsetzung möglich. Bei einem Fixhandelskauf ist ein bestimmter Liefertermin fest vereinbart worden. Eine gesonderter Hinweis auf die Wesentlichkeit dieses Termins nach §323 Abs.2 Nr.2 BGB ist nicht notwendig.
- **Untersuchungs- und Rügepflicht**: Bei einem beiderseitigen Handelsgeschäft (Käufer und Verkäufer sind Kaufleute) hat der Käufer die Pflicht, die Ware unverzüglich nach Ablieferung zu untersuchen und einen Mangel unverzüglich zu rügen (§377 Abs.1 HGB). Unterlässt er dies, verliert er gemäß §377 Abs.2 HGB seine Mängelrechte und muss auch eine mangelhafte Ware vollständig bezahlen. Ein Mangel, der erst zu einem späteren Zeitpunkt auftritt (versteckter Mangel) muss unverzüglich nach Entdeckung gerügt werden (§377 Abs.3 HGB). Die Rügepflichten sind gemäß §377 Abs.5 HGB hinfällig, wenn der Verkäufer arglistig gehandelt hat.

Verbrauchsgüterkauf *2019 Herbst Aufg.2b | 2017 Herbst Aufg.1b | 2015 Herbst Aufg.2a | 2015 Früh Aufg.1b*

Verbrauchsgüterkauf ist gemäß §474 BGB ein Kaufvertrag über eine bewegliche Sache, bei dem der Verkäufer Unternehmer (siehe §14 BGB) und der Käufer Verbraucher (siehe §13 BGB) ist. Zum Schutz des Verbrauchers gelten hier besondere Regelungen, z.B.:

- Der übliche **Gefahrenübergang** auf dem Käufer bei einem Versendungskauf nach §447 BGB gilt nur in wenigen Sonderfällen, d.h. der Verkäufer hat das Transportrisiko zu tragen (§475 Abs.2 BGB)
- **Beweislastumkehr** auf den Verkäufer bei Sachmangel, der innerhalb der ersten 6 Monate auftritt (§477 BGB).

Die Vertragsfreiheit ist eingeschränkt, so sind keine Änderungen folgenden gesetzlichen Regelungen gestattet:

- **Mängelansprüche** (§ 476 Abs.1 BGB)
- **Verjährungsfristen** der Mängelrechte (§ 476 Abs.2 BGB)

2.3.2 Werkvertrag

2019 Früh Aufg.4a | 2018 Herbst Aufg.4a | 2014 Früh Aufg.2a,b

Beim Werkvertrag schuldet der Unternehmer dem Besteller (dies kann ein Verbraucher oder ein Unternehmer sein) einen bestimmten Arbeitserfolg. Dies kann die Herstellung oder Veränderung einer Sache, aber auch ein anderes Arbeitsergebnis sein (§631 BGB). Der Besteller muss die vereinbarte Vergütung bezahlen.

Bei Sach- oder Rechtsmängeln (§633 Abs.2 BGB) hat der Besteller nach §634 BGB folgende Mängelansprüche:

- **Nacherfüllung** nach §635 BGB; im Gegensatz zur Nacherfüllung beim Kaufvertrag hat der Unternehmer das Wahlrecht zwischen Mangelbeseitigung und Erstellung eines neuen Werkes. Anfallende Transport-, Wege-, Arbeits- und Materialkosten gehen zu Lasten des Unternehmers.
- **Selbstvornahme** und Ersatz der erforderlichen Aufwendungen. Voraussetzung ist nach §637 BGB eine erfolglose Fristsetzung zur Nacherfüllung.

- **Rücktritt** oder **Minderung** (§638 BGB) unter der Voraussetzung von § 636 BGB (Nacherfüllung verweigert, fehlgeschlagen oder für Besteller unzumutbar), §323 BGB (erfolglose Fristsetzung zur Nacherfüllung) oder §326 Abs.5 BGB (Unmöglichkeit der Nacherfüllung)
- bei Verschulden auch zusätzlich vertraglicher **Schadensersatz** oder **Ersatz vergeblicher Aufwendungen**

Der Mängelanspruch ist ausgeschlossen, wenn der Besteller den Mangel kannte und bei der Abnahme des Werkes sich diesen Anspruch nicht vorbehalten hatte (§640 Abs.3 BGB).
Verjährung der Mängelansprüche (§634a)

- **2 Jahre nach Abnahme bei Sachen** (Herstellung, Veränderung, Wartung)
- **5 Jahre nach Abnahme bei einem Bauwerk**. Dazu gehören auch Sachen, die mit dem Gebäude fest verbunden sind und von wesentlicher Bedeutung für die Benutzbarkeit sind
- **in allen anderen Fällen** in der regelmäßigen Verjährungsfrist; gilt auch, wenn Mangel arglistig verschwiegen wurde. Dann ist die Frist 3 Jahre beginnend mit dem Jahresende, in dem der Schuldner Kenntnis von dem Mangel erlangt hat.

Weitere Besonderheiten des Werkvertrags sind:

- stillschweigende Vergütung (§632 BGB)
- Recht auf Abschlagszahlungen (§632a BGB)
- Besteller ist zur Abnahme verpflichtet (§640 BGB)
- Besteller hat Mitwirkungspflicht (§642 BGB)
- Besondere Sicherungsmittel des Unternehmers: Pfandrecht für bewegliche Sachen (§647 BGB, z.B. am Auto für die Kfz-Werkstatt)
- Besteller kann Werkvertrag jederzeit kündigen, muss aber bisherige Aufwendungen vergüten (§648 BGB), Unternehmer kann nur aus besonderem Grund kündigen (z.B. §648a oder §643 BGB)

- Als **Werkliefervertrag** bezeichnet man die Herstellung und Lieferung beweglicher Sachen. Für diesen gelten im Wesentlichen die Vorschriften des Kaufvertrages (§650 BGB).

2.3.3 Dienstvertrag

2018 Herbst Aufg.4a

Inhalt des Dienstvertrag ist die Leistung der versprochenen Dienste gegen die Gewährung der vereinbarten Vergütung (§611 BGB). Beim Dienstvertrag wird die Dienstleistung, nicht der Diensterfolg geschuldet. Ein typischer Dienstvertrag ist der Arbeitsvertrag. Der Dienstvertrag wird durch Zeitablauf bei Befristung oder durch Kündigung beendet.

2.3.4 Leasingvertrag

Ein normaler Leasingvertrag ist ein Mietvertrag, bei dem der Leasinggeber dem Leasingnehmer die Gebrauchsüberlassung der Leasingsache gegen die vereinbarten Leasingraten gewährt. **Operating Leasing** nennt man einen Leasingvertrag mit kurzer Laufzeit, **Finanzierungsleasing** ist ein Vertrag mit langer Laufzeit, bei der eine Verlängerungs- und /oder Kaufoption vorgesehen ist.

Je nach Vertragsgestaltung kann ein Finanzierungsleasingvertrag auch eher als ein Ratenkaufvertrag (und kein Mietvertrag) ausgelegt werden. Wenn bei einem solchen Vertrag ein Verbraucher Leasingnehmer von einem Unternehmen ist, müssen die Vorschriften zum Verbraucherdarlehen berücksichtigt werden.

2.3.5 Verbraucherdarlehensvertrag

Inhalt des Darlehensvertrag ist die zeitweise Überlassung von Geld (§§488 ff BGB) oder einer Sache (Sachdarlehen §§607 ff BGB) gegen ein Entgelt (= Zins bei Gelddarlehen). Der Darlehensnehmer ist bei Fälligkeit verpflichtet, eine gleichartige Sache oder den Darlehensbetrag zurückzuzahlen.

Ein unbefristeter Darlehensvertrag kann nach §488 Abs.3 BGB vom Darlehensgeber und vom Darlehensnehmer mit einer Frist von 3 Monaten gekündigt werden. Bei befristeten Darlehen ist eine ordentliche Kündigung des Darlehensnehmers nur nach §489 BGB möglich, der Darlehensgeber kann nur außerordentlich nach §490 BGB kündigen.
Für Verbraucherdarlehen gelten die besonderen Schutzbedingungen der §§491 ff BGB.

2.4 Schuldrecht

2.4.1 Unmöglichkeit

2018 Herbst Aufg.2a-d | 2016 Früh 4a-c

Wenn es dem Schuldner unmöglich ist, die Leistung zu erbringen, wird er nach §275 BGB von der Leistungspflicht befreit. Er muss aber bei Verschulden Schadensersatz statt der Leistung nach §§280,283,284 oder auch ohne Verschulden Herausgabe des Ersatz nach §285 BGB leisten. Dieser Schadensersatz ersetzt den Erfüllungsschaden des Gläubigers: Der Gläubiger wird also so gestellt, wie er es bei der Erfüllung des Vertrages gewesen wäre. Der Gläubiger wird bei Unmöglichkeit von der Pflicht zur Gegenleistung befreit, es sei denn er hat die Unmöglichkeit zu vertreten (§326 BGB).

Die Unmöglichkeit kann objektiv (keiner könnte die Leistung erbringen) oder subjektiv (nur der Schuldner kann die Leistung nicht erbringen) sein. Der Schuldner kann sich auch auf eine faktische Unmöglichkeit berufen (§275 Abs.2 BGB), bei der die wirtschaftlichen Anstrengungen für eine Leistungserbringung extrem unangemessen wären. Bei einer persönlich zu erbringenden Leistung kann der Schuldner nach §275 Abs.3 BGB die Leistung auch verweigern, wenn diese ihm unzumutbar ist.

Auch wenn die Unmöglichkeit schon bei Vertragsschluss bestand, steht dies der Wirksamkeit des Vertrages nicht entgegen (§311a Abs.1 BGB). Der Schuldner wird in diesen Fällen nur bei unverschuldeter Unkenntnis von der Schadensersatzpflicht befreit.

Herausgabe des Ersatzes

Erlangt der Schuldner infolge des Umstandes, aufgrund dessen er die Leistung wegen Unmöglichkeit nicht zu erbringen braucht, einen Ersatz oder einen Ersatzanspruch (sog. „stellvertretendes commodum"), so kann der Gläubiger gemäß §285 BGB die Herausgabe des als Ersatz Empfangenen oder Abtretung des Ersatzanspruchs verlangen. Auf die Frage nach

dem Vertreten müssen (= Verschulden) kommt es hier nicht an.
Der Gläubiger bleibt aber nach §326 Abs.3 BGB zur Gegenleistung verpflichtet, wenn er die Herausgabe des Ersatzes verlangt.

Verkäufer V und Käufer K schließen telefonisch wirksam einen Kaufvertrag mit einem Kaufpreis von 3.000 € über einen gebrauchtes Fahrzeug. Die Übergabe ist für den nächsten Morgen vereinbart. Das Auto wird über Nacht gestohlen, V wird damit wegen Unmöglichkeit von seiner Leistungspflicht befreit. Aber: Der Schaden wird von der Versicherung in der Höhe 4.000 € ersetzt. Der Käufer kann nun diese Versicherungssumme bzw. den Anspruch gegen die Versicherung gemäß §§285, 275 Abs.1 BGB als stellvertretendes commodum vom V heraus verlangen. Er ist dann jedoch nach §326 Abs.3 BGB verpflichtet, den Kaufpreis zu bezahlen (er erhält folglich den Unterschied zwischen dem Ersatz und dem Kaufpreis). Ein Anspruch auf Schadensersatz hat K mangels Verschulden des V nicht.

2.4.2 Leistungszeit und Leistungsort

Erfüllungsort (= Leistungsort) ist der Ort, an dem die vertraglichen Pflichten des Schuldners zu erbringen sind (§269 BGB).
Unterscheidung zwischen Holschuld, Bringschuld und Schickschuld:
Holschuld: Die Leistung muss am Ort des Schuldners erfolgen (z.B. Ware steht zur Abholung bereit). Transportgefahren gehen zu Lasten des Gläubigers.
Bringschuld: Schuldner muss die Leistung am Ort des Gläubigers erbringen. Transportgefahren trägt der Schuldner.
Schickschuld: Leistung erfolgt am Ort des Schuldners, wird aber auf Wunsch des Gläubigers zu ihn versendet. Gläubiger trägt das Risiko und die Kosten des Transports. Eine „Frei Haus"-Regelung bezieht sich lediglich auf die Transportkosten

(die trägt dann der Schuldner), nicht aber auf die Transportgefahr (die bleibt beim Gläubiger) §269 Abs.3 BGB.
Geldschulden sind „qualifizierte Schickschulden, da der Leistungsort beim Schuldner liegt (er ist nur verpflichtet, die Überweisung auf den Weg zu bringen), die Übermittlungsgefahr (z.B. durch einen Fehler der Bank) aber beim Schuldner liegt (§270 BGB).
Die **Leistungszeit** bestimmt den Termin bei dem die Leistung bewirkt werden muss (= Fälligkeit). §271 BGB regelt, dass der Gläubiger die Leistung sofort verlangen kann und auch wenn ein späterer Termin bestimmt worden ist, der Schuldner die Leistung vor diesem Termin bewirken kann.

2.4.3 Verzug

Wenn die Verpflichtung einer Vertragspartei nicht rechtzeitig erfüllt wird, kann diese in den Verzug kommen. Je nach Vertragspartner gibt es folglich den Schuldnerverzug (=Leistungsverzug) und den Gläubigerverzug (= Annahmeverzug).

2.4.3.1 Schuldnerverzug

2020 Herbst Aufg.1c | 2019 Herbst Aufg.2c 2018 Früh Aufg.2c

Der Schuldner kommt in Verzug, wenn die Forderung wirksam und fällig ist und er vom Gläubiger angemahnt wurde (§286 Abs.1 BGB). Keine Mahnung bedarf es bei einem festen Leistungstermin (z.B. zahlbar bis...oder Lieferung eines Brautstraußes zum Hochzeitstermin) oder bei einer endgültigen Leistungsverweigerung des Schuldners (§286 Abs.2 BGB).
Bei Entgeltforderungen tritt der Verzug ebenfalls ohne Mahnung 30 Tage nach Zugang der Rechnung ein (§286 Abs.3 BGB), ein Verbraucher muss auf diese Folgen besonders hingewiesen werden. Verzug setzt ein Verschulden des Schuldners oder seines Erfüllungsgehilfen voraus (§276 BGB).
Die Rechtsfolgen eines Schuldnerverzugs sind:

- Erweiterte Haftung des Schuldners während des Verzugs

(§287 BGB). Schuldner haftet während des Verzugs auch für Fahrlässigkeit und bei höherer Gewalt.

- Verzugszinsen bei Geldschulden (5 Prozentpunkte über dem Basiszinssatz (-0,88%, siehe §247 Abs.1 BGB) für Verbraucher, 9 Prozentpunkte über dem Basiszinssatz bei Rechtsgeschäften ohne Verbraucher sowie **Schadensersatz neben der Leistung** (§288 Abs.3-5 BGB, §280 Abs.2 i.V.m. §286 BGB)
- Gläubiger hat Anspruch auf Zahlung einer Pauschale (40 €), wenn der Schuldner kein Verbraucher ist.
- Leistungsverweigerungsrecht des Gläubigers (§320 BGB)
- Rücktrittsrecht des Gläubigers nach §323 BGB

Prüfschema Schuldnerverzug

1. Vertrag?
2. Fälligkeit?
3. Mahnung?
4. Falls keine Mahnung: Zeit nach Kalender bestimmbar?
5. bei Rechnung: 30 Tage mit Hinweis für Verbraucher?
6. Verschulden?

2.4.3.2 Gläubigerverzug

2021 Früh Aufg.2c

Der Gläubiger kommt in Verzug, wenn er die Leistung nicht annimmt, z.B. bei der Lieferung die Tür nicht öffnet (§293 BGB). Voraussetzung des Gläubigerverzugs ist ein

- ✓ Schuldverhältnis
- ✓ Nichtannahme
- ✓ Angebot des Schuldners (§§294,295 BGB)

Der Gläubigerverzug setzt kein Verschulden voraus, begründet aber auch keinen Schadensersatzanspruch. Rechtsfolgen des Gläubigerverzugs sind Haftungserleichterung für den Schuldner (dieser hat **bei Untergang oder Beschädigung der Sache**

während des Verzuges gemäß §300 BGB einfache und mittlere Fahrlässigkeit nicht mehr zu vertreten) und einen Ersatzanspruch des Schuldners für Mehraufwendungen (§304 BGB).

2.4.4 Rücktritt

2018 Früh Aufg.2b | 2015 Früh Aufg.2b

Der Gläubiger kann vom Vertrag nach §323 BGB zurücktreten, wenn der Schuldner die Leistung nicht oder nicht vertragsgemäß erbringt. Voraussetzung ist eine vorherige Fristsetzung.

Beispiele für ein Rücktrittsrecht:

- Nacherfüllung nach §439 bei Lieferung einer mangelhaften Sache scheitert.
- Schuldner bezahlt Kaufpreis nicht. Ware ist unter Eigentumsvorbehalt geliefert (§449 BGB), Gläubiger tritt zurück und verlangt Herausgabe der gelieferten Ware nach §985 BGB sowie Herausgabe des Wertersatzes für bereits verkaufte Ware nach §346 Abs.2 BGB.
- Schuldner befindet sich im Verzug und leistet trotz Fristsetzung nicht.

Der Rücktritt ohne Fristsetzung ist unter den Voraussetzungen des §323 Abs.2 BGB möglich, also z.B., wenn der im Vertrag bestimmte Termin für den Gläubiger wesentlich ist und er dies dem Schuldner vor Vertragsschluss mitgeteilt hat.

2.4.5 Erlöschen der Schuld

Nach §362 Abs.1 BGB erlischt das Schuldverhältnis, wenn die geschuldete Leistung an den Gläubiger bewirkt wird. Nach §267 Abs.1 BGB kann dies auch durch einen Dritten geschehen (Schuldübernahme), sofern die Leistung nicht persönlich geschuldet ist, wie dies z.B. bei einem Arbeitsverhältnis der Fall ist. Der Gläubiger kann auch eine andere als die geschuldete Leistung an Erfüllungs statt annehmen (§364 Abs.1 BGB).

2.4.6 Aufrechnung

Bei gegenseitigen Forderungen kann der Schuldner eine Forderung des Gläubigers mit einer eigenen gleichartigen Forderung aufrechnen und dadurch erfüllen (§§387ff BGB). Die Forderung des Schuldners muss dafür fällig sein. Das Erlöschen der Hauptforderung erfolgt erst durch eine wirksame, empfangsbedürftige Aufrechnungserklärung des Schuldners (§388 BGB).

2.4.7 Verjährung

2020 Herbst Aufg.2cc

Ansprüche (gesetzliche und vertragliche) sind nicht zeitlich unbegrenzt durchsetzbar, sondern unterliegen der Verjährung (§194 BGB).

Die **regelmäßige Verjährungsfrist** beträgt 3 Jahre (§195 BGB) und beginnt am Ende des Jahres, in dem der Anspruch entstanden ist oder der Gläubiger einen möglichen Anspruch hätte kennen müssen (§199 Abs.1 BGB).

A verkauft am 2.1.2017 ein Auto auf Rechnung an B. Der Anspruch auf den Kaufpreis verjährt am 31.12.2020.

Ansprüche aus einem Grundstücksgeschäft (z.B. Eigentumsübertragung oder Kaufpreiszahlung) verjähren 10 Jahre nach dem der Anspruch entstanden ist (§196 BGB i.V.m. §200 BGB)

B verkauft A eine Eigentumswohnung am 4.3.2018. Der Anspruch auf Zahlung des Kaufpreis verjährt am 3.3.2028.

Herausgabeansprüche aus Eigentum, Schadensersatzansprüche aus vorsätzlicher Körperverletzung sowie rechtskräftig festgestellte Ansprüche verjähren 30 Jahre nach dem der Anspruch entstanden ist (§ 197 BGB).

! Für Mängelansprüche gelten besondere Verjährungsfristen (z.B. bei KV §438 BGB)

Nach Eintritt der Verjährung ist der Schuldner berechtigt, die Leistung zu verweigern (§214 Abs.1 BGB). Allerdings kann eine Leistung, die nach der Verjährung geleistet wurde, nicht zurückgefordert werden, da diese ja im Grunde nach berechtigt war. Auch die Unkenntnis über die eingetretene Verjährung berechtigt nicht zur Rückforderung (§214 Abs.2 BGB).

Hemmung der Verjährung

In den §§203 - 211 BGB ist geregelt, in welchen Fällen die Verjährung unterbrochen wird, dies bedeutet, dass die Verjährungsfrist um den Zeitraum der Hemmung verlängert wird. Beispiele für eine Hemmung sind:

- ➢ schwebende Verhandlungen über die Forderung (§203 BGB)
- ➢ Erhebung der Klage (§204 Abs.1 Nr.1 BGB)
- ➢ Zustellung des Mahnbescheids (§204 Abs.1 Nr.3 BGB)
- ➢ Geltendmachung der Aufrechnung des Anspruchs im Prozess (§204 Abs.1 Nr.5 BGB)
- ➢ Anmeldung des Anspruchs im Insolvenzverfahren (§204 Abs.1 Nr.10 BGB)
- ➢ Gläubiger ist innerhalb der letzten sechs Monate der Verjährungsfrist durch höhere Gewalt an der Rechtsverfolgung gehindert (§206 BGB)

Neubeginn der Verjährung

Die Verjährungsfrist beginnt gemäß §212 BGB neu, wenn

1. der Schuldner dem Gläubiger gegenüber den Anspruch durch Abschlagszahlung, Zinszahlung, Sicherheitsleistung oder in anderer Weise anerkennt oder
2. eine gerichtliche oder behördliche Vollstreckungshandlung vorgenommen oder beantragt wird.

2.4.8 Sicherheiten

siehe auch Kapitel 2.5.3 - 2.5.6

Finanzierungssicherheiten dienen der Absicherung von Forderungen bei Zahlungsunfähigkeit oder Zahlungsunwilligkeit des Schuldners.

Einteilung der Sicherheiten			
Sicherheitsart		Abhängigkeit vom Bestand der Forderung	
Personensicherheiten • *Bürgschaft* • *Garantie*	**Real/Sachsicherheiten** • *Pfand* • *Grundpfandrechte* • *Sicherungsübereignung*	**akzessorisch (vom Bestand der Forderung abhängig)** • *Hypothek* • *Pfand* • *Bürgschaft*	**nicht akzessorisch (= fiduziarisch / abstrakt)** • *Grundschuld* • *Sicherungsübereignung* • *Garantie*

2.4.8.1 Eigentumsvorbehalt

Bei einem Eigentumsvorbehalt (§449 BGB) bleibt der Verkäufer Eigentümer der Sache, bis der Kaufpreis vollständig bezahlt ist (**einfacher Eigentumsvorbehalt**).

In der Realität ist das aber nicht praktikabel, da der Käufer bereits vor der Bezahlung über die Sache verfügen möchte. Daher gibt es den **verlängerten Eigentumsvorbehalt**, bei dem der Käufer die Sache weiter verkaufen oder verarbeiten darf, auch wenn er noch kein Eigentümer geworden ist. Der Verkäufer erhält dann nach einem Rücktritt einen Wertersatz oder ein Sicherungsrecht an der neuen Sache.

Wenn der Eigentumsvorbehalt nicht durch die Bezahlung der Rechnung für die Sache beendet werden soll, sondern erst nach Begleichung aller Forderungen, spricht man von einem **erweiterten Eigentumsvorbehalt**. Dieser ist nur durch Individualvereinbarung möglich und nicht durch AGB.

2.4.8.2 Bürgschaft

2016 Früh Aufg.1b

Bürgschaft ist eine akzessorische Personensicherheit (§§765ff BGB), bei der sich der Bürge einseitig verpflichtet, anstelle des Hauptschuldners zu leisten. Nach §771 BGB kann der Bürge die **Einrede der Vorausklage** geltend machen, d.h. der Gläubiger muss zuerst versuchen, die Forderung vom Hauptschuldner mittels Zwangsvollstreckung einzutreiben. Nach §766 BGB ist die Schriftform einer Bürgschaft vorgeschrieben.

Bei einer **selbstschuldnerischen** Bürgschaft hat der Bürge kein Recht auf die Einrede der Vorausklage (§773 Abs.1 Nr. 1 BGB), er kann also sofort nach Nichteinhaltung der Zahlungsverpflichtung des Hauptschuldners belangt werden. Soweit der Bürge den Gläubiger befriedigt, geht seine Forderung gegen den Hauptschuldner nach §774 BGB auf ihn über.

Die Bürgschaft im Rahmen eines Handelsgeschäfts ist nach §350 HGB formfrei und nach § 349 HGB selbstschuldnerisch.

2.4.8.3 Sicherungsabtretung

Die Sicherungsabtretung (Zession) ist eine Forderungsabtretung zur Sicherung einer Forderung des Gläubigers (Zessionars) gegen den Schuldner (Zedenten). Die Sicherungsabtretung ist ein treuhänderisches Rechtsverhältnis (Treuhandschaft); der Treuhänder, hier der Zessionar, hat gegenüber dem Schuldner der abgetretenen Forderung, die volle Rechtsstellung des Gläubigers der abgetretenen Forderung, von dieser darf jedoch im Innenverhältnis zum Zedenten nur im Rahmen der getroffenen Vereinbarung Gebrauch gemacht werden. Der Zessionar muss die Forderung zurückübertragen, wenn seine Forderung gegen den Zedenten erlischt.

2.5 Sachenrecht

Das dritte Buch des BGB regelt dingliche Rechte, das sind Rechte an Sachen, die gegenüber jedermann wirken. Die wichtigsten dinglichen Rechte sind

- Besitz
- Eigentum
- Grunddienstbarkeiten (z.B. Wegerecht)
- Nießbrauch (=Nutzungsrecht an einer Sache, z.B. Wohnrecht)
- Grundschuld
- Hypothek
- Pfandrechte

2.5.1 Besitz

Besitz ist die **tatsächliche Herrschaft** über eine Sache (§854 BGB). Es kommt nicht darauf an, wie man die Gewalt über eine Sache erlangt, d.h. auch ein Dieb wird Besitzer einer Sache. Die Besitzerlangung erfolgt nicht durch Rechtsgeschäft, sondern ist ein sogenannter Realakt.

Besitzdiener ist nach § 855 BGB jemand, der die Herrschaft über eine Sache im Rahmen eines Dienstverhältnisses o.ä. ausübt. Unmittelbarer Besitzer bleibt der Auftraggeber,

Mittelbarer Besitzer ist jemand, der seinen Besitz auf Zeit einem anderen überlassen hat (z.B. einem Mieter).

2.5.2 Eigentum

Eigentum ist nach §§903 ff die **rechtliche Herrschaft** über eine Sache. Der Eigentümer kann über eine Sache nach Belieben verfahren. Eigentum kann nur durch ein Rechtsgeschäft oder Gesetz erlangt werden. Eigentumsübertragung an beweglichen Sachen erfolgt nach §§929ff BGB durch **Einigung** und **Übergabe**. Dabei ist die Einigung ein Rechtsgeschäft mit Angebot und Annahme, die Übergabe ist als tatsächlicher Vorgang

ein Realakt. Bei einer Eigentumsübertragung an einen Besitzer ist lediglich die Einigung notwendig.
Die Übergabe kann auch durch ein **Besitzkonstitut** nach §930 BGB ersetzt werden. Hierbei behält der bisherige Eigentümer den Besitz, der neue Eigentümer wird mittelbarer Besitzer. Dies ist z.B. bei einer Sicherungsübereignung der Fall.
Übertragung des Eigentums einer Maschine an einen Kreditgeber. Die Maschine bleibt im Besitz des Unternehmens, die Bank wird Eigentümer durch Einigung und Besitzkonstitut.

Wenn ein Dritter im Besitz der Sache ist, kann die Übergabe auch durch die **Abtretung des Herausgabeanspruchs** ersetzt werden (§931 BGB).
Beispiel: Ein Leasinggesellschaft möchte ihre Leasingobjekte an eine Bank sicherungsübereignen. Die Übergabe wird ersetzt durch Abtretung des Herausgabeanspruchs, falls z.B. die Leasingraten nicht bezahlt werden.

Gutgläubiger Erwerb

Eigentumsübertragung ist normalerweise nur durch den Eigentümer möglich. Ausnahmsweise kann das Eigentum aber auch von einem Nichteigentümer erlangt werden. Dies ist nur nach den Regeln des **Gutgläubigen Erwerbs** (§§932ff BGB) möglich. Gutgläubiger Erwerb setzt voraus, dass der Erwerber nicht wissen kann, dass der Veräußerer kein Eigentümer ist.
Student Thomas verkauft ein geliehenes Buch auf dem Flohmarkt. Wenn das Buch aber einen Stempel der Universitätsbibliothek hat, wäre kein gutgläubiger Erwerb möglich.

Bei gestohlenen oder gefundenen Sachen ist gemäß §931 Abs.1 BGB kein gutgläubiger Erwerb möglich
Student Thomas hat das Buch im Vorlesungssaal gefunden und verkauft es auf dem Flohmarkt.

Eigentumsübertragung an Grundstücken

erfolgt durch Einigung (=Auflassung) und Eintragung (§873 Abs.1 BGB). Die Auflassung muss in Anwesenheit beider Parteien von einem Notar beurkundet werden (§925 BGB). Die Eintragung erfolgt in das Grundbuch, das vom Grundbuchamt (eine Abteilung des Amtsgerichts) geführt wird, welches die örtliche Zuständigkeit für das Grundstück hat.
Aus Gründen der Rechtssicherheit wird ein eventueller Formmangel durch Auflassung und Grundbucheintragung geheilt (§311b Abs.1 BGB), das bedeutet, dass auch ein nicht beurkundeter Vertrag nach Eintragung in das Grundbuch wirksam wird.

A verkauft Grundstück an B zum Schein für 100.000 Euro, tatsächlich vereinbart wird ein Kaufpreis von 150.000 Euro. Notariell beurkundet wird KV über 100.000 Euro. Anspruch von A nach erfolgten Grundbucheintrag?
KV über 100.000 Euro nichtig (§117 BGB), KV über 150.000 Euro Formmangel, aber geheilt (§311b Abs.1 BGB), daher hat A Anspruch aus §433 Abs.2 BGB gegen B über 150.000 Euro.

Herausgabeanspruch aus Eigentum

Der Eigentümer kann vom Besitzer die Herausgabe der Sache verlangen (§985 BGB), es sei denn der Besitzer hat einen berechtigten Besitzanspruch (§986 BGB). Der Besitzer kann die Herausgabe der Sache verweigern, wenn er dem Eigentümer gegenüber zum Besitz berechtigt ist.

A hat einen wirksamen Mietvertrag über ein Fahrrad vom Händler H. Während der Mietzeit benötigt der Händler das Fahrrad zum eigenen Gebrauch. Dennoch hat er keinen Herausgabeanspruch nach §985 BGB, da A die Herausgabe nach §§986, 535 Abs.1 S.1 BGB verweigern kann.
Falls A das Fahrrad aber von einem nicht zur Vermietung berechtigten Besitzer gemietet hätte, wäre er dem Eigentümer gegenüber zur Herausgabe verpflichtet.

2.5.3 Pfandrecht

Das Pfandrecht an beweglichen Sachen entsteht durch Einigung und Übergabe (bzw. Übergabeersatzhandlungen wie bei der Eigentumsübertragung), §§1204ff BGB. Ohne Übergabe der Sache wird **kein Pfandrecht begründet**!

Das Pfandrecht an unbeweglichen Sachen entsteht durch Einigung und Eintragung (§§1113 ff BGB).

Das Pfandrecht an Rechten (z.B. Forderungen) entsteht durch Einigung und Anzeige gegenüber dem Drittschuldner bzw. Übergabe bei Wertpapieren (§§1273 ff BGB).

Das Pfand darf verwertet werden, wenn die pfandgesicherte Forderung:

- ✓ fällig ist
- ✓ die Pfandverwertung angedroht wurde (§1234 Abs.1 BGB)
- ✓ eine Wartefrist von einem Monat (§1234 Abs.2 BGB), bzw. einer Woche bei Kaufleuten (§368 HGB) eingehalten wurde

Die Verwertung findet im Grundsatz durch öffentliche Versteigerung statt (§§1220 ff BGB), bei Pfändern mit einem Börsen- oder Marktpreis durch freihändigen Verkauf. Verpfändete Forderungen werden durch den Pfandgläubiger eingezogen.

2.5.4 Sicherungsübereignung

Die Sicherungsübereignung wendet den §930 BGB (Besitzkonstitut) zur Absicherung einer Forderung an. Sie ist **nichtakzessorisch**, besteht also auch bei Begleichung der Forderung fort.

Das durch Sicherungsübereignung erlangte Eigentum darf nur veräußert werden, wenn die gesicherte Forderung fällig ist. Bei Verwertungsreife hat der Kreditgeber einen Herausgabe- und Verwertungsanspruch an dem Sicherungsgut.

Nach Untergang der Forderung hat der Kreditnehmer einen Anspruch auf Rückübertragung des Eigentums.

Das sicherungsübereignete Gut wird beim Kreditnehmer bilanziert und nicht beim neuen Eigentümer (dies gilt auch beim Eigentumsvorbehalt).
Der Sicherungsnehmer darf die sicherungsübereigneten Werte im Insolvenzrecht absondern.

Die Sicherungsübereignung lässt sich vom Pfandrecht anhand folgender Kriterien abgrenzen:

Kriterium	Pfand	Sicherungsübereignung
Bindung an Forderung	Akzessorisch (Pfand ist an Forderung gebunden)	Fiduziarisch (Sicherungsübereignung besteht weiter, auch wenn Forderung beglichen ist)
Gesetzliche Regelung	Gesetzliche geregelt (§§1204 ff BGB)	Gesetzlich nicht ausdrücklich geregelt, Vereinbarung eines Besitzkonstitutes
Eigentümer / Besitzer	Schuldner = Eigentümer Gläubiger = Besitzer	Schuldner = Besitzer Gläubiger = Eigentümer
Verwertung	Durch öffentliche Versteigerung (§§1220ff BGB)	Herausgabeanspruch des Gläubigers, Verwertung nach Vereinbarung (entweder freihändiger Verkauf oder Versteigerung)

2.5.5 Grundpfandrechte

Die **Hypothek** (§§1113ff BGB) ist ein **akzessorisches** Grundpfandrecht, sie ist folglich abhängig vom Bestand der Forderung.
Die **Grundschuld** (§§1191ff BGB) ist **nichtakzessorisch**, erlischt also nicht automatisch nach dem Untergang der Forderung.
Die Grundpfandrechte entstehen durch **Einigung** und **Eintragung** und belasten bei Verkauf auch den neuen Eigentümer.
Neben dem Grundstück selbst haften auch Zubehör, Miet- und Pachtzinsforderungen sowie sonstige Ansprüche und Forderungen zugunsten des Grundstücks.

2.6 Gesetzliche Schuldverhältnisse

2.6.1 Deliktsrecht

Das Deliktsrecht umfasst die Ansprüche aus unerlaubter Handlung (siehe Kap. 1.1.2)

2.6.2 Bereicherungsrecht

Kein Verschulden setzt ein Anspruch aus §812 BGB voraus. Wer durch die Leistung eines anderen oder auf dessen Kosten etwas ohne Rechtsgrund erlangt, ist diesem gegenüber zur Herausgabe verpflichtet.

Beispiel

Post liefert Paket an falschen Empfänger. Herausgabeanspruch des richtigen Empfängers gegenüber dem Paketbesitzer.

3. Wettbewerbsrecht

Nationale Aspekte des Wettbewerbsrechts

Das Gesetz über den unlauteren Wettbewerb (UWG) schützt Verbraucher, Mitbewerber und Allgemeinheit vor unlauteren Methoden und soll einen **fairen Wettbewerb** ermöglichen.

Das Gesetz gegen Wettbewerbsbeschränkungen (GWB) sichert, dass es **überhaupt einen Wettbewerb** gibt, indem Kartelle und die missbräuchliche Ausnutzung einer wettbewerbsbeherrschenden Stellung verboten wird.

Daneben bieten weitere Gesetze Wettbewerbsschutz:

- ➢ **Markengesetz** schützt Marken, geschäftliche Bezeichnungen und geografische Herkunftsangaben.
- ➢ Gesetz über den rechtlichen Schutz von Design, kurz **Designgesetz** (früher Geschmacksmustergesetz) definiert und schützt Design.
- ➢ **Patentgesetz** definiert und schützt Patente und patentierbare Erfindungen.
- ➢ **Gebrauchsmustergesetz** bietet Schutz, wenn die Erteilung eines Patents z.B. mangels Erfindungstiefe nicht möglich ist.

3.1 Kartellrecht

2020 Herbst Aufg.3a-c | 2018 Herbst Aufg.3a | 2014 Herbst Aufg.3a,b

➢ **Verbot von wettbewerbsbeschränkenden Vereinbarungen**

Das zentrale kartellrechtliche Bundesgesetz GWB verbietet **Vereinbarungen zwischen Unternehmen**, Beschlüsse von Unternehmensvereinigungen und aufeinander abgestimmte Verhaltensweisen, die eine Verhinderung, Einschränkung oder Verfälschung des Wettbewerbes bezwecken oder bewirken.

(§1 GWB) Ausnahmen: Gewinnbeteiligung Verbraucher, technischer Fortschritt (§2 GWB), erlaubte Mittelstandskartelle (§3 GWB).

- **Verbot der missbräuchlichen Ausnutzung einer marktbeherrschenden Stellung**

Auch ist die **missbräuchliche Ausnutzung einer marktbeherrschenden Stellung** (definiert in §18 GWB) nach §19 GWB verboten. Als Missbrauch gelten u.a.

- Preisdiskriminierung
- Verkauf unter Einstandspreis
- Lieferverweigerung von Lieferanten gegenüber einzelnen Händlern
- Forderung von unangemessen Konditionen des Handels gegenüber Lieferanten

- **Boykottverbot**

Das **Boykottverbot** des §21 Abs. 1 GWB verbietet Unternehmen und Vereinigungen von Unternehmen ein anderes Unternehmen, in der Absicht, bestimmte Unternehmen unbillig zu beeinträchtigen, zu Liefer- oder Bezugssperren aufzufordern. Ein verbotener Boykott ist es nach dieser Definition z.B. dann, wenn ein gewerblicher Vermieter andere Vermieter auffordert, nicht an Konkurrenten zu vermieten.
Nicht unter das kartellrechtliches Boykottverbot fallen Boykottaufrufe von Verbrauchern, Parteien oder Organisationen, die aus gesellschaftlichen oder politischen Gründen zum Boykott von Waren oder Unternehmen aufrufen.

- **Sonstige wettbewerbsbeschränkende Handlungen**

Druck oder Lockmittelverbot

Unternehmen oder UN-Vereinigungen dürfen andere UN nicht durch Vor- oder Nachteile zu wettbewerbswidrigen Verhalten veranlassen (§21 Abs.2 GWB).

Verbot von Zwang
Auch eine erlaubte wettbewerbsbeschränkende Vereinbarung oder ein Zusammenschluss darf nicht durch Zwang erreicht werden (§21 Abs.3 GWB).

➢ **Zusammenschlusskontrolle**
Die in §37 GWB definierten Unternehmenszusammenschlüsse unterliegen der **Zusammenschlusskontrolle,** wenn diese die Schwellenwerte des §35 Abs.1 und 1a GWB überschreiten und sind vor dem Vollzug dem Bundeskartellamt zu melden (§39 GWB). Dieses kann den Zusammenschluss untersagen oder Auflagen erteilen.
In Ausnahmefällen kann der Bundesminister für Wirtschaft und Energie mit einer **Ministererlaubnis** einen vom Bundeskartellamt untersagten Zusammenschluss genehmigen (§42 GWB). Vor dieser Entscheidung ist eine Stellungnahme der **Monopolkommission** (§§44ff GWB) einzuholen.

Kartellbehörden
Kartellbehörden sind das **Bundeskartellamt** und das Bundesministerium für Wirtschaft und Energie bzw. die obersten Landesbehörden (§48 GWB).

EU Wettbewerbsrecht
Neben dem GWB ist das vorrangige europäische Wettbewerbsrecht zu beachten, welches in den **Art.101 - 109 AEUV** sowie in den **Gruppenfreistellungsverordnungen** geregelt ist. In diesen sind Ausnahmen definiert, für die die wettbewerbsrechtlichen Verbote nicht gelten. Von Bedeutung ist insbesondere die **Vertikal-GVO**, nach der Absprachen zwischen Unternehmen unterschiedlicher Wertschöpfungsstufen zulässig sind (Art.2 Vertikal-GVO), sofern diese nicht die Möglichkeit des Abnehmers beschränken, seinen Verkaufspreis selbst festzusetzen (Art.4a Vertikal-GVO).

Ansprüche und Anspruchsinhaber *2020 Herbst Aufg.3d | 2018 Herbst Aufg.3b*

Wer gegen eine Vorschrift des GWB oder gegen Art.101, 102 AEUV verstößt, ist gegenüber dem **Betroffenen** (Mitbewerber oder sonstiger Marktbeteiligter) zur **Beseitigung** der Beeinträchtigung und bei Wiederholungsgefahr zur **Unterlassung** verpflichtet (§33 GWB). Die Ansprüche stehen auch rechtsfähigen Verbänden und Einrichtungen nach §33 Abs.4 GWB zu. Bei vorsätzlichen oder fahrlässigen Verstößen besteht nach §33a GWB eine **Schadensersatzpflicht**. Darüber hinaus kann die Kartellbehörde die Abschöpfung des wirtschaftlichen Vorteils anordnen und dem Unternehmen die Zahlung eines entsprechenden Geldbetrags auferlegen (§34 GWB).

3.2 Gesetz gegen unlauteren Wettbewerb

2021 Früh Aufg.3a,b,d | 2020 Früh Aufg.3a | 2019 Herbst Aufg.3a,d | 2019 Früh Aufg.3a | 2018 Früh Aufg.3a | 2017 Herbst 4a,b | 2017 Früh Aufg.4a | 2016 Herbst Aufg.3a | 2016 Früh Aufg.2a | 2015 Herbst Aufg.3a | 2015 Früh Aufg.3a | 2014 Früh Aufg.3b

Das Recht gegen unlauteren Wettbewerb regelt das Marktverhalten im Interesse der Mitbewerber, der Abnehmer und der Allgemeinheit. Zweck des Gesetzes ist der **Schutz der Mitbewerber**, **Verbraucher** und **sonstigen Marktteilnehmern** vor unlauteren geschäftlichen Handlungen (§1 UWG).

Zentrale Norm des UWGs ist §3 Abs.1: **Unlautere geschäftliche Handlungen sind unzulässig.**

Das UWG betrifft folglich **geschäftliche Handlungen** (vgl. § 2 Abs.1 Nr. 1 UWG), also Handlungen zugunsten eines Unternehmens, die mit der Anbahnung, dem Abschluss oder der Abwicklung von Verträgen zusammenhängen.

Regelbeispiele unlauterer und damit unzulässiger geschäftlicher Handlungen (sog. „Schwarze Liste“) sind die im Anhang genannten (z.B. unwahren) Angaben oder Maßnahmen eines Unternehmers (§3 Abs.3 UWG).

Ebenfalls unlauter sind nach §3a UWG Handlungen, die gegen Rechtsnormen verstoßen, die das Marktverhalten regeln (z.B. aus dem GWB oder Verbraucherschutzregelungen aus dem BGB). Eine Vielzahl von gesetzlichen Regeln (Gesetze, EU-Recht, Verordnungen, Satzungen) regeln das Marktverhalten und schützen Marktteilnehmer (insbesondere Verbraucher). Ein Verstoß gegen diese Regeln, führt auch dazu, dass die geschäftliche Handlung unlauter ist und ein Mitbewerber Ansprüche geltend machen kann.

Onlineanbieter Clever verkauft seine Produkte an Verbraucher mit der Werbung „Keine Rückgabe – daher günstige Preise" unter Ausschluss des gesetzlichen Widerrufsrecht (§312g BGB). Die Werbeaussage ist unlauter und damit nach §3a BGB unzulässig.

Unlauter sind die in §4 UWG genannten Verunglimpfungen, Nachahmungen oder gezielten Behinderungen von Mitbewerbern. Unlauter sind auch die in §4a UWG genannten aggressiven geschäftlichen Handlungen.

Optiker Durchblick stellt Augenärzten ein elektronisches Brillensortiment zur Verfügung. Nach Eingabe der Patientendaten und Auswahl eines bestimmten Brillengestells in der Augenarztpraxis werden diese Informationen an Durchblick übermittelt. Bestellt der Patient bei der Duchblick eine Brille, erhält der Augenarzt eine Vergütung von 80 €. Unlauter gemäß §4a UWG, da die Entscheidungsfreiheit der Augenärzte durch die Provision unzulässig beeinflusst wird.

Media Markt gibt für jede 1 im Zeugnis eine Rabatt von 2€. Keine unzulässige Beeinflussung, z.B. wegen geringer Rabattsumme.

Unlauter sind auch die irreführenden Handlungen des §5 UWG, z.B.

- Irreführende Werbung
- Falschangaben über wesentliche Merkmale

- Irreführende Aussagen über Sponsoring oder Zulassung des UN oder der Waren
- Falschangaben über Preisvorteile
- Falschangaben über die Person des Unternehmers
- Falschangaben über die Notwendigkeit einer Leistung
- Werbung mit Herabsetzung eines Preises, wenn dieser nur über eine unangemessen kurze Zeit gültig war

Die Irreführung kann auch in dem Verschweigen einer wesentlichen Tatsache liegen (§5a UWG)

Vergleichende Werbung ist grundsätzlich erlaubt, nach §6 UWG aber unzulässig, wenn sie

- den **Mitbewerber** oder dessen Waren **verunglimpft** oder
- **nicht objektiv** und nachprüfbar ist oder
- zu **Verwechslungsgefahr** führt oder
- sich nicht auf Waren oder Dienstleistungen für den gleichen Bedarf bezieht

Nach §7 UWG ist die **unzumutbare Belästigung** von Marktteilnehmern unzulässig. Dies ist z.B. bei Telemarketing der Fall, falls keine Einwilligung vorliegt oder es keine Vertragsbeziehungen zu dem Empfänger gibt.
Auch nicht im Gesetz speziell geregelte Fälle können nach §3 Abs.2 UWG unzulässig sein, wenn diese nicht der unternehmerischen Sorgfalt entsprechen und dazu geeignet sind, das wirtschaftliche Verhalten des Verbrauchers wesentlich zu beeinflussen.
Auch wenn sich die geschäftliche Handlung nicht an Verbraucher richtet und im Gesetz nicht speziell geregelt ist, aber den Zweck des §1 UWG widerspricht, kann diese nach der Generalklausel des §3 Abs.1 UWG unzulässig sein.

Es ist darauf zu achten, diese Vorschriften nicht zu eng auszulegen! Das UWG soll einen gesunden Wettbewerb nicht verhindern und greift mit Ausnahme der stets unzulässigen

„Schwarzen Liste" nur bei nicht unerheblichen Wettbewerbsverstößen. Das Gesetz geht von einem durchschnittlichen Verbraucher aus, der eine gewisse Erfahrung mit Werbung und Wettbewerb hat.

Prüfschema UWG

1. Liegt eine geschäftliche Handlung vor (§2 Abs.1 UWG)?
2. Verstößt das Verhalten gegen einen Tatbestand des Anhangs zu § 3 Abs. 3 UWG?
3. Verstößt das Verhalten gegen einen Tatbestand der §§ 3a – 7 UWG?
4. Verstößt das Verhalten gegen § 3 Abs.2 UWG?
5. Trotzdem unzulässig nach §3 Abs.1 UWG?

Anspruchsberechtigte *2021 Früh Aufg.3c | 2019 Herbst Aufg.3a | 2018 Früh Aufg.3b | 2017 Früh Aufg.4b | 2015 Herbst Aufg.3b | 2015 Früh Aufg.3b | 2014 Früh Aufg.3a*

- Mitbewerber
- Rechtsfähige Berufsverbände
- Eingetragene Verbraucherschutzverbände
- IHK
- Handwerkskammern

Nach §8 UWG haben Verbraucher keine Ansprüche nach UWG! Als **Mitbewerber** im Sinne von §2 Abs. 1 UWG ist derjenige anzusehen, der in einem tatsächlichen oder potentiellen Wettbewerbsverhältnis zum werbenden Unternehmen steht. Der Begriff des Wettbewerbsverhältnisses ist grundsätzlich weit auszulegen. Ein konkretes Wettbewerbsverhältnis ist immer dann gegeben, wenn Unternehmen gleichartige Waren oder gewerbliche Leistungen innerhalb desselben Marktes abzusetzen versuchen und das Wettbewerbsverhalten des einen daher den Absatz des anderen beeinträchtigen kann.

Mitbewerber im Sinne des Wettbewerbsrechts sind demnach Unternehmen, die austauschbare Waren und Dienstleistungen auf dem selben **räumlichen, sachlichen** und **zeitlichen** Markt anbieten.

Ansprüche *2019 Früh Aufg.3b | 2018 Herbst Aufg.3b | 2017 Früh Aufg.4a 2016 Früh Aufg.2b | 2015 Früh Aufg.3c*

- Beseitigung
- Unterlassung
- Schadensersatz
- Gewinnabschöpfung

Alle Anspruchsberechtigten können nach §8 UWG Ansprüche auf **Beseitigung** und strafbewehrter **Unterlassung** wegen eines UWG-Verstoßes geltend machen. Mitbewerbern (§2 Abs.1 Nr.3 UWG) steht ein **Schadensersatz** nach §9 UWG zu, bei vorsätzlichen Verstößen gegen eine Vielzahl von Abnehmern kann nach §10 UWG eine **Gewinnabschöpfung** zu Gunsten des Bundeshaushalts erzwungen werden.

Anspruchsgegner *2019 Herbst Aufg.3b | 2018 Früh Aufg.3c*

- Rechtsverletzer
- Unternehmensinhaber

Anspruchsgegner ist nach §8 Abs.1 UWG derjenige, der die Zuwiderhandlung begangen hat. Ist dies ein Mitarbeiter oder Beauftragter eines Unternehmens richten sich die Unterlassungs- und Beseitigungsansprüche auch gegen den Unternehmensinhaber (§8 Abs. 2 UWG). Beim Schadensersatz gilt gleiches, wenn der Unternehmensinhaber zumindest fahrlässig handelt (§ 9 UWG).

Anspruchsdurchsetzung *2020 Früh Aufg. 3b | 2019 Früh Aufg.3c | 2018 Früh Aufg.3d |2017 Früh Aufg.4c | 2016 Herbst Aufg.3b | 2016 Früh Aufg.2c | 2015 Früh Aufg.3d*

- Abmahnung
- strafbewehrte Unterlassungserklärung
- einstweilige Verfügung
- Klage vor dem Landgericht

Die Anspruchsdurchsetzung erfolgt nach §13 UWG grundsätzlich erst außergerichtlich durch **Abmahnung** und die Aufforderung zur Abgabe einer strafbewehrten **Unterlassungserklärung**. Bei Zustimmung des Anspruchsgegners können auch die **Einigungsstellen** der IHK angerufen werden (§15 UWG).

Sofern eine außergerichtliche Beilegung nicht möglich ist , können die Ansprüche auch durch **einstweilige Verfügung** (§12 Abs.1 UWG) oder im regulären **Klageverfahren** (§12 Abs.2 UWG) vor dem **Landgericht** (sachliche Zuständigkeit, §14 Abs.1 UWG) in dem **Bezirk, in dem der Beklagte seine Niederlassung** hat (örtliche Zuständigkeit, §14 Abs.2 UWG) geltend gemacht werden.

Schadensersatz und Gewinnabschöpfungsansprüche sind stets gerichtlich in Form einer Klage durchzusetzen.

4. Arbeitsrecht

Arbeitsrecht und dessen Einfluss auf unternehmerische Entscheidungen

Das Arbeitsrecht regelt

- die Rechtsbeziehungen zwischen Arbeitnehmern und Arbeitgebern (Individualarbeitsrecht)
- das Recht der Arbeitgeberverbände und Gewerkschaften sowie ihr Verhältnis untereinander (Kollektivarbeitsrecht)
- die Verpflichtungen des Arbeitgebers zur sicheren Arbeitsplatzgestaltung (Arbeitsschutzrecht)
- das arbeitsgerichtliche Verfahren

Es gibt in Deutschland keine umfassendes Arbeitsgesetzbuch, sondern eine Vielzahl von Gesetzen mit arbeitsrechtlichen Regelungen. Daneben spielt im Arbeitsrecht die ständige Rechtsprechung („Richterrecht“) sowie das höherrangige europäische Recht eine besonders wichtige Rolle.

Die Rechtsquellen für die Gestaltung der Arbeitsverhältnisse sind

- Gesetze und Verordnungen
- Tarifverträge
- Betriebsvereinbarungen
- Arbeitsvertrag
- Betriebliche Übung (gewissermaßen das „Gewohnheitsrecht“)

Dabei gilt grundsätzlich, die für den Arbeitnehmern günstigste Regelung (sog. **Günstigkeitsprinzip**). Zulasten des einzelnen Arbeitnehmers kann von einem Gesetz nur dann abgewichen werden, wenn das **Gesetz dispositiv** ist. Dies kann entweder nur durch Tarifverträge vereinbart werden (z.B. kürzere Kündigungsfristen §622 Abs.4 BGB) oder auch selten durch Arbeitsverträge (kürzere Kündigungsfristen bei Aushilfen, §622 Abs.5 BGB).

4.1 Individualarbeitsrecht

4.1.1 Arbeitsvertrag

Arbeitsvertrag regelt die individuellen Beziehungen zwischen Arbeitnehmer (ArbN) und Arbeitgeber (ArbG).
Ein Arbeitsvertrag ist ein spezieller Dienstvertrag (§§611-630 BGB) und entsteht durch zwei übereinstimmende Willenserklärungen. Er ist **formfrei** (§105 GewO), allerdings verpflichtet das Nachweisgesetz den Arbeitgeber, die wesentlichen Vertragsinhalte spätestens einen Monat nach dem vereinbarten Beginn schriftlich niederzulegen, zu unterzeichnen und dem Arbeitnehmer auszuhändigen (§2 NachweisG).
Arbeitnehmer ist derjenige, der vertraglich gegen Entgelt verpflichtet ist, unselbstständige Dienste zu leisten (siehe auch §5 Abs.1 Arbeitsgerichtsgesetz). Unselbstständig ist wer in persönlicher Abhängigkeit Dienste erbringt, also weisungsgebunden ist und in den Organisationsbereich des Arbeitgebers eingegliedert ist. Es kommt dabei auf die tatsächlichen Verhältnisse an.

Auch für Arbeitsverträge gelten die Regeln zur Nichtigkeit, Anfechtung und zur Geschäftsfähigkeit des BGB (§113 BGB beachten). Bei einem Formulararbeitsvertrag sind auch die Regelungen zu AGB zu beachten.
Der ArbN hat bei Abschluss eines Arbeitsvertrages eine Offenbarungspflicht über wesentliche Eigenschaften (z.B. muss ein Kraftfahrer auf den Verlust des Führerscheins von sich aus hinweisen), ansonsten droht eine Anfechtung nach § 119 Abs.2 BGB.
Auf Fragen des ArbG im Bewerbungsgespräch, die einen konkreten Bezug zur Tätigkeit haben, muss der ArbN wahrheitsgemäß antworten, sonst droht eine Anfechtung wegen arglistiger Täuschung (§123 Abs.1 BGB).

Rechtsfolge der Anfechtung ist die Nichtigkeit des Arbeitsvertrages, das bedeutet, dass das Arbeitsverhältnis durch einfache Erklärung des ArbG beendet werden kann und nicht gekündigt werden muss. Für die Zeit vor dem Erkennen der Nichtigkeit liegt ein sogenanntes **faktisches Arbeitsverhältnis** vor, bei der die Regelungen des nichtigen Arbeitsvertrages gelten.
Auf Fragen des ArbG **ohne Bezug zur Tätigkeit** oder **bei Verstoß gegen das AGG** oder **das Grundgesetz** hat der Bewerber das **Recht zur Lüge**.

Fragen zur Schwangerschaft, Gebrauch von Verhütungsmitteln, sexueller Orientierung müssen nicht wahrheitsgemäß beantwortet werden. Auch Fragen zu persönlicher Lebensführung, Ernährungsgewohnheiten, Rauchen müssen nicht wahrheitsgemäß beantwortet werden. Fragen nach ungeordneten Vermögensverhältnissen (z.B. Pfändungen) sind jedoch bei Vertrauensstellungen (z.B. Kassierer) zulässig. Fragen zu Vorstrafen müssen dann wahrheitsgemäß beantwortet werden, wenn Sie einen Bezug zur Tätigkeit haben (z.B. Verkehrsdelikte bei einem Kraftfahrer ja, bei einer Kassiererin nein).

Gleichbehandlungsgrundsatz *2021 Früh Aufg.4a*

Schon bei der Einstellung muss der Arbeitgeber die Antidiskriminierungsregeln des Allgemeinen Gleichbehandlungsgesetz beachten, da das Benachteiligungsverbot auch für Beschäftigte gilt (§7 Abs.1 AGG) und nach §11 AGG bereits bei der Ausschreibung beachtet werden muss. Das AGG schützt vor Benachteiligungen aufgrund von

- ✓ Rasse
- ✓ ethnische Herkunft
- ✓ Geschlecht
- ✓ Religion oder Weltanschauung
- ✓ Behinderung
- ✓ Alter
- ✓ sexuelle Identität

Benachteiligungen aus anderen Gründen fallen nicht unter den Schutzbereich des AGG und finden allenfalls durch das Allgemeine Persönlichkeitsrecht ihre Grenzen. So haben die Arbeitsgerichte z.B. einen Schadensersatzanspruch für eine Bewerberin abgelehnt, die wegen ihrer ostdeutschen Herkunft nicht eingestellt wurde.
Ausnahmen von dem Benachteiligungsverbot finden sich in

- §8 AGG bei wesentlichen und entscheidenden **beruflichen Anforderungen**
- §9 AGG für **Tendenzbetriebe** (Parteien, Kirchen, Gewerkschaften) bei Religion oder Weltanschauung
- §10 AGG Ausnahmen bei **Altersdiskriminierungen**
- §5 AGG - zulässig sind **positive Maßnahmen** (z.B. bevorzugte Beförderung von Frauen um das Ungleichgewicht auf der Führungsebene zu beseitigen)

Bei Verstößen gegen das AGG stehen dem abgelehnten Bewerber ein pauschalierter Schadensersatzanspruch von drei Monatsgehältern zu, Beschäftigte haben ein **Beschwerderecht** (§13 AGG), Anspruch auf **Entschädigung** und **Schadensersatz** (§15 AGG) sowie unter den Voraussetzungen des §14 AGG ein **Leistungsverweigerungsrecht**.

4.1.2 Haupt- und Nebenpflichten der Arbeitsvertragsparteien

4.1.2.1 Pflichten des Arbeitnehmers

2019 Herbst Aufg.4b

Hauptpflicht ist die persönliche Erbringung der vertraglichen Arbeitsleistung am vereinbarten Arbeitsort zur vereinbarten Arbeitszeit (§611a BGB).

Nebenpflichten sind Treuepflichten, wie z.B. Verschwiegenheitspflicht, Wettbewerbsverbot, keine unerlaubte Nebentätigkeit, Einhaltung des Betriebsfriedens, Wahrnehmung berechtigter Interessen des Betriebs (§§241 Abs.2, 242 BGB).

Nebentätigkeiten des ArbN dürfen nicht in Konkurrenz mit dem laufenden Arbeitsverhältnis stehen. Auch die gesetzliche Höchstarbeitszeit nach §3 ArbZG sowie der Erholungszweck des Urlaubs nach §8 BurlG dürfen durch die Nebentätigkeit nicht beeinträchtigt werden. Eine Anzeige- und auch eine Genehmigungspflicht dürfen vertraglich vereinbart werden. Der Anspruch auf Genehmigung besteht nur dann, wenn ArbG-Interessen nicht wesentlich beeinträchtigt werden.

4.1.2.2 Pflichten des Arbeitgebers

Hauptpflicht ist die Zahlung des vereinbarten Arbeitslohnes (Vergütungspflicht, §611a Abs.2 BGB).

Nebenpflichten sind

- Beschäftigungspflicht
- Fürsorgepflichten (z.B. Gewährleistung von Arbeits- und Gesundheitsschutz, angemessene Berücksichtigung der Interessen des AN, Schutz der Persönlichkeitsrechte des AN z.B. gegen Mobbing)
- Pflichten die sich aus dem Arbeitsrecht ergeben (Urlaubsgewährung, Entgeltfortzahlung im Krankheitsfalle, Entgeltabrechnung, ordnungsgemäße Abführung der Sozialversicherungsbeiträge)

4.1.2.3 Arbeitnehmerüberlassung

Die Begriffe Zeitarbeit, Leiharbeit oder Personalleasing stehen für Arbeitsverhältnisse, bei denen der Mitarbeiter von einem Personaldienstleister angestellt wird, der dessen Arbeitsleistung dann gegen Entgelt einen Kundenunternehmen zur Verfügung stellt. Im Arbeitnehmerüberlassungsgesetz (AÜG) sind insbesondere die Regelungen zur Erlaubnispflicht von Personaldienstleistern (§1 Abs.1 AÜG) sowie die zur Lohnuntergrenze und dem „equal pay"-Gebot (§8 Abs.1 AÜG) von Leiharbeitern von Bedeutung. Dieser Gleichstellungsgrundsatz besagt, dass ein Leiharbeitnehmer den gleichen Lohn wie ein vergleichbarer festangestellter MA erhalten muss. In den ersten 9 Monaten der Überlassung kann durch Tarifvertrag von diesem Grundsatz abgewichen werden. Die Arbeitnehmerüberlassung ist nach §1 Abs.1b AÜG auf 18 Monate beim gleichen Entleiher begrenzt.

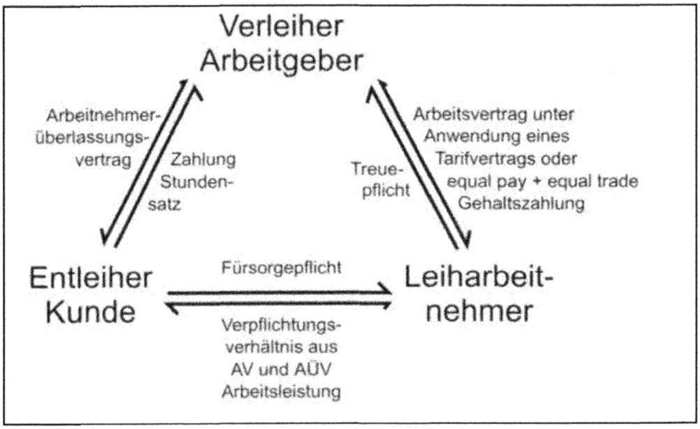

Dreiecksverhältnis bei Arbeitnehmerüberlassung

4.1.2.4 Vergütungspflicht

2019 Früh Aufg.2a+b

Vergütungspflicht des ArbG ergibt sich aus §611a Abs.2 BGB, ArbN ist zur Vorleistung verpflichtet (§614 BGB).

Falls der ArbN seine Arbeitsleistung nicht erbringt, erlischt grundsätzlich auch der Anspruch auf die Vergütung. Da die Arbeitsleistung zeit- und termingebunden ist, hat diese einen **Fixschuldcharakter** und ist nicht nachholbar. Bei einem Ausfall der Arbeitsleistung gelten daher die Regelungen der **Unmöglichkeit** (§275 BGB). Wenn der ArbG die Unmöglichkeit nicht zu verantworten hat, wird er nach §326 Abs.1 BGB grundsätzlich von der Leistungspflicht befreit.

ArbN kann aufgrund der Wetterbedingungen (z.B. Glatteis) nicht zur Arbeit erscheinen. Damit ist Arbeitspflicht nach §275 Abs.1 oder Abs.2 unmöglich, ArbG wird nach §326 Abs.1 BGB von der Gegenleistung (Lohnzahlung) befreit. §616 BGB greift da nicht, da die Hinderungsgründe nicht in der Person des ArbN lagen.

Der ArbG kann auch die Abtretung eines Ersatzanspruches nach §285 Abs.1 BGB verlangen, falls der ArbN Ansprüche gegen einen Dritten wegen des Arbeitsausfalles gelten machen kann. In diesen Fällen bleibt der ArbG aber vergütungspflichtig. Ist die Unmöglichkeit vom ArbN zu vertreten (z.B. unentschuldigtes Fehlen) ist dieser darüber hinaus auch dem ArbG gegenüber schadensersatzpflichtig (§§280 Abs.1, 283, 619a BGB). Ein Rücktrittsrecht (§326 Abs.5 BGB) ist im Arbeitsrecht ausgeschlossen, der ArbG kann allerdings - unter Beachtung des Kündigungsschutzes - das Arbeitsverhältnis kündigen (verhaltensbedingte Kündigung nach Abmahnung, bei fortgesetztem Fernbleiben eventuell auch außerordentliche Kündigung).
Hat der ArbG die Unmöglichkeit zu verantworten behält der ArbN seinen Vergütungsanspruch (§326 Abs.2 BGB). Dies gilt nach §615 BGB auch für **Annahmeverzug** oder **Betriebsrisiko** (z.B. Auftragsmangel) des ArbG. Wenn der ArbN aus

- ✓ persönliche Gründen
- ✓ für eine nicht erhebliche Zeit
- ✓ ohne Verschulden

verhindert ist, bleibt der Vergütungsanspruch nach §616 BGB erhalten. Dies ist z.B. bei einem Umzug oder Todesfall in der Familie der Fall. Gründe, die eine Mehrzahl von Personen treffen (Streik, Glatteis) fallen nicht unter diese Regelung.

Prüfschema Nichtleistung der Arbeit

1. Anspruchsgrundlage Vergütung §611a Abs.2 BGB
2. Unmöglichkeit (§275 Abs.1 BGB) grundsätzlich gegeben
3. Verschulden AG? →Vergütungsanspruch (§326 Abs.2 BGB)
4. Annahmeverzug oder Betriebsrisiko AG? →Vergütungsanspruch (§615 BGB)
5. Krankheit oder Feiertag? →Prüfung EntgFG
6. Genehmigter Urlaub? Urlaubsentgeltanspruch BURlG
7. Persönliche Gründe? Nicht erhebliche Zeit? Kein Verschulden? →Vergütungsanspruch (§616 BGB)
8. Drittverschulden? →Vergütungsanspruch bei Abtretung des Ersatzanspruches (§§285 Abs.1, 326 Abs.3 BGB)
9. kein Verschulden, „höhere Gewalt"? →keine Vergütung (§326 Abs.1 BGB), aber auch kein Schadensersatzanspruch ArbG
10. Verschulden ArbN? →keine Vergütung, Schadensersatzanspruch ArbG (§§280 Abs.1, 283, 619a BGB)

4.1.2.5 Feiertagsvergütung

Wenn die Arbeitsleistung aufgrund eines gesetzlichen Feiertages entfällt, hat der ArbN nach §2 Abs.1 EntgFG Anspruch auf den Lohn, der ihm zugestanden hätte, wenn er an diesem Tag gearbeitet hätte.

Ausnahmen:

- Hätte der ArbN an diesem Tag sowieso nicht gearbeitet (z.B. wegen eines Teilzeitarbeitsverhältnisses) erhält er keine Feiertagsvergütung.
- Bleibt der ArbN am **letzten Tag vor oder am ersten Tag nach dem Feiertag unentschuldigt** der Arbeit fern, entfällt nach §2 Abs.3 EntgFG auch der Anspruch auf das Feiertagsentgelt.

- Wenn der ArbN am Feiertag arbeitsunfähig infolge einer Krankheit ist, erhält er kein Feiertagsentgelt, sondern Entgeltfortzahlung im Krankheitsfall (§4 Abs.2 EntgFG).

4.1.2.6 Entgeltfortzahlung im Krankheitsfalle

2019 Herbst Aufg.4a,c | 2019 Früh Aufg.2c | 2017 Früh Aufg.3a | 2014 Herbst Aufg.4a-c

Für die Dauer von 6 Wochen besteht für jede Krankheit ein Anspruch auf Entgeltfortzahlung, wenn folgende Voraussetzungen erfüllt sind

- ✓ Wartezeit von vier Wochen nach §3 Abs.3 EntgFG. Frist berechnet sich nach §§187 Abs.2 und 188 Abs.2 BGB, auch Krankheitstage werden zur Fristberechnung mitgezählt.
- ✓ Arbeitsunfähigkeit infolge einer Krankheit oder eines Unfalles
- ✓ kein Verschulden (mittlere oder grobe Fahrlässigkeit sowie Vorsatz) des ArbN
- ✓ keine Fortsetzungserkrankung. Nach §3 Abs.1 S.2 besteht der Anspruch aufgrund der gleichen Erkrankung nur auf insgesamt 6 Wochen, wenn kein 6-monatiger Zeitraum ohne Arbeitsunfähigkeit wegen dieser Erkrankung verstrichen ist (Arbeitsunfähigkeit infolge anderer Krankheit ist unschädlich) oder seit Beginn der ersten Arbeitsunfähigkeit infolge dieser Krankheit 12 Monate vergangen sind. Diese zweite Alternative führt dazu, dass bei fortgesetzten Folgeerkrankungen nach 12 Monaten ein neuer Anspruch auf 6 Wochen Entgeltfortzahlung entsteht.
- ✓

> *Beispiel:*
> *Krankheitszeiträume: ab 1.4.2019 vier Wochen, Folgeerkrankungen ab 1. 8.2019 vier Wochen, ab 1.Dezember 2019 zwei Wochen, ab 1.April 2020 drei Wochen. Entgelt-anspruch für sechs Wochen im Jahr 2019 und die drei Wochen im Jahr 2020).*

ArbG kann Fortzahlung verweigern, wenn ArbN schuldhaft

- bei Auslandserkrankung seinen Anzeigepflichten nach §5 Abs.2 EntgFG nicht nachkommt
- keine Arbeitsunfähigkeitsbescheinigung vorlegt (bei Ausfall von mehr als 3 Tagen, auf Verlangen des ArbG auch früher, §5 Abs.1 EntgFG)
- bei Verschulden eines Anderen den Übergang des Schadensersatzanspruchs gem. §6 EntgFG verhindert

Prüfschema Entgeltfortzahlung bei Krankheit

1. Verhinderung Arbeitsleistung durch Krankheit §3 Abs.1 EntgFG?
2. Wartezeit (§3 Abs.3 EntgFG) erfüllt?
3. Kein grobes Verschulden (§3 Abs.1 EntgFG)?
4. Dauer von 6 Wochen nicht überschritten (§3 Abs.1 EntgFG)?
5. Keine Fortsetzungserkrankung (§3 Abs.1 EntgFG)?
6. 6 Monate ohne Arbeitsunfähigkeit wg. dieser Krankheit (§3 Abs.1 S.2 Nr.1 EntgFG)?
7. Anzeigepflichten bei Auslandserkrankung erfüllt?
8. Arbeitsunfähigkeitsbescheinigung vorgelegt?
9. keine Verhinderung des Übergangs eines Schadensersatzanspruches?

4.1.2.7 Erholungsurlaub

2017 Früh Aufg.3b | 2015 Herbst Aufg.4a-c

Im Bundesurlaubsgesetz ist das Recht auf bezahlten Erholungsurlaub festgeschrieben:

- **Mindestens 24 Werktage** (= 4 Wochen) bei Beschäftigung seit mindestens 6 Monaten. Teilanspruch von 1/12 pro Monat bei Tätigkeitsbeginn nach 30.6. oder Beendigung des Arbeitsverhältnisses vor dem 30.6. (§§3,5 BUrlG). Falls bei Ausscheiden aus dem Arbeitsverhältnis zu viel Urlaub gewährt wurde, kann das Urlausentgelt nach §5 Abs.3 BUrlG nicht zurückgefordert werden.

- **Übertrag bis zum 31.3.** des nächsten Jahres aus dringenden betrieblichen oder persönlichen Gründen möglich (§7 Abs.3 BUrlG) – danach verfällt der Urlaubsanspruch! Bei Langzeiterkrankungen verfällt der Urlaub erst 1 Jahr später (also am 31.3. des übernächsten Jahres – Urteil BAG).
- **Keine Erwerbstätigkeit** während des Urlaubs (§8 BUrlG), Krankheitszeiten während des Urlaubs gelten nicht als Erholungsurlaub (§9 BUrlG).
- **Finanzielle Abgeltung** des Urlaubs nur bei Beendigung des Arbeitsverhältnisses möglich (§7 Abs.4 BUrlG).
- **Urlaubsentgelt ist der durchschnittliche Verdienst** in den 13 Wochen bzw. drei Monaten vor dem Urlaubsantritt (§11 Abs.1 BUrlG), zahlbar vor dem Urlaubsantritt (§11 Abs.2 BUrlG). Achtung: Unter Urlaubsentgelt wird die übliche Lohnzahlung verstanden und darf nicht mit dem Urlaubsgeld (zusätzliches Entgelt) verwechselt werden.
-

4.1.2.8 Teilzeitverträge

2021 Früh Aufg.4b,d | 2019 Herbst Aufg.4d

Ein teilzeitbeschäftigter Arbeitnehmer darf nicht wegen der Teilzeit schlechter behandelt werden als ein Vollzeitbeschäftigter (§4 Abs.1 TzBfG). Auch eine sozialversicherungsfreie geringfügige Beschäftigung („Minijob“) ist eine Teilzeitbeschäftigung (§2 Abs.2 TzBfG)

Dem Wunsch eines Arbeitnehmers nach einer Teilzeitbeschäftigung in Betrieben mit mehr als 15 MA ist zu entsprechen, wenn das Beschäftigungsverhältnis mindestens sechs Monate angedauert hat und er dies drei Monate vorher in Textform geltend macht (§8 Abs.1,2 und 7 TzBfG). Bei einer freien Vollzeitstelle ist ein Teilzeitbeschäftigter vorrangig zu berücksichtigen (§9 TzBfG).

Eine zeitlich begrenzte Teilzeitbeschäftigung ist bei Unternehmen mit mehr als 45 Mitarbeitern unter den Bedingungen des

§9a TzBfG auf Verlangen des Arbeitnehmers anzubieten.
Bei unregelmäßiger Arbeitszeit (Arbeit auf Abruf) sind die Regelungen des §12 TzBfG zu berücksichtigen.

4.1.2.9 Befristete Arbeitsverträge

2018 Früh Aufg.4b,c

Die Befristung von Arbeitsverhältnissen bedarf der Schriftform (§ 14 Abs.4 TzBfG). Wenn diese nicht gegeben ist, ist ein unbefristetes Arbeitsverhältnis entstanden. Zulässig ist eine Befristung nur unter den Bedingungen des § 14 TzBfG:
Entweder

- ✓ **zweckbefristet** (endet mit Erreichung des Zweckes) oder
- ✓ **zeitlich befristet** (endet nach Ablauf der Zeit).

Zeitlich befristet Arbeitsverträge können entweder

- ✓ **sachlich begründet** (z.B. Mutterschaftsvertretung) ohne Begrenzung oder
- ✓ **ohne sachlichen Grund** eingegangen werden.

Zeitlich befristete Arbeitsverträge ohne Sachgrund sind nur bis zu einer Höchstdauer von maximal zwei Jahre und maximal dreimal verlängert (§14 Abs.2 TzBfG) zulässig. Bei neu gegründeten Unternehmen liegt diese zeitliche Befristung bei vier Jahren, innerhalb derer eine mehrfache Verlängerung der Befristung zulässig ist (§14 Abs.2a TzBfG). Eine Gehaltserhöhung in zeitlicher Nähe zum Ende des Befristungszeitraums ist regelmäßig keine Verlängerung, sondern ein neuer Vertrag, bei dem dann wegen §14 Abs.2 S.2 TzBfG keine sachgrundlose Befristung mehr möglich wäre.
Wird das befristete Arbeitsverhältnis nach Ablauf oder Zweckerreichung fortgesetzt, entsteht ein unbefristetes Arbeitsverhältnis (§15 Abs.5 TzBfG). Auch befristet beschäftigte Arbeitnehmer dürfen wegen der Befristung nicht ohne sachlichen Grund schlechter behandelt werden als vergleichbare unbefristet Beschäftigte (§4 Abs.2 TzBfG).

Ein befristetes Arbeitsverhältnis kann von beiden Seiten nur aus wichtigem Grund gekündigt werden, eine ordentliche Kündigung ist ausgeschlossen (§15 Abs.3 TzBfG). Ausnahmen: Einzelvertragliche oder tarifvertragliche Regelung, Kündigung durch Arbeitnehmer nach 5 Jahren bei einer Befristungsdauer von über 5 Jahren.

4.1.2.10 Schwerbehindertenschutz

2016 Früh Aufg.3a

Schwerbehinderte sind Personen mit einem Behinderungsgrad von mindestens 50%, ihnen gleichgestellt sind Behinderte mit einem Behinderungsgrad von mindestens 30%, die ansonsten keinen geeigneten Arbeitsplatz erlangen oder behalten könnten (§2 SGB IX). Für diese gelten folgende Regelungen:

- ✓ Beschäftigungspflicht für Arbeitgeber mit mindestens 20 Arbeitsplätzen: 5% der Arbeitsplätze müssen mit schwerbehinderten Menschen besetzt werden (§154 Abs.1 SGB IX)
- ✓ Ausgleichsabgabe nach §160 SGB IX, wenn ArbG der Beschäftigungspflicht nicht im vollen Umfang nach kommt
- ✓ Anzeigepflicht gegenüber der Arbeitsagentur und dem Integrationsamt (§163 SGB IX)
- ✓ Diskriminierungsverbot (§164 Abs.2 SGB IX, §1 AGG)
- ✓ Kündigung nur mit Zustimmung des Integrationsamtes (§168 SGB IX)

4.1.2.12 Elternzeit

2021 Früh Aufg.4c

Der Anspruch auf Elternzeit für beide Elternteile zur Betreuung ihrer Kinder unter 3 Jahren ist im Bundeselternzeitgesetz (BEEG) geregelt. Die Hauptpflichten des Arbeitsvertrages (Arbeitsleistung, Entgeltzahlung) ruhen während der Elternzeit, das Arbeitsverhältnis bleibt aber bestehen und nach Ablauf der Elternzeit besteht ein Anspruch auf Rückkehr zur früheren Arbeitszeit.

- Während der Elternzeit ist eine Teilzeiterwerbstätigkeit von bis zu 30 Wochenstunden zulässig (§15 Abs.4 BEEG)
- Die Anmeldefrist für die Elternzeit innerhalb der ersten drei Lebensjahre des Kindes beträgt 7 Wochen vor Beginn der Zeit
- Kündigungsschutz ab dem Zeitpunkt der Beantragung (§18 BEEG)
- MA in Elternzeit bleiben für den Betriebsrat wahlberechtigt und wählbar
- Urlaubsanspruch wird um die Zeit der Vollzeit-Elternzeit gekürzt (§17 BEEG)

4.1.2.13 Gleichberechtigung bei Entgeltzahlung

2021 Früh Aufg.4d

Für gleichwertige Arbeit darf nicht wegen des Geschlechts der oder des Beschäftigten ein geringeres Entgelt vereinbart oder gezahlt werden (§7 EntgTranspG). ArbN haben einen individuellen Auskunftsanspruch über die Kriterien ihres Entgeltes in Betrieben mit mehr als 200 Beschäftigten. Zudem können Beschäftigte die Höhe des für die Vergleichstätigkeit gezahlten Entgelts erfragen, wenn die Tätigkeit von mindestens sechs Personen des jeweils anderen Geschlechts ausgeübt wird (§10 EntgTranspG).

4.1.2.14 Betriebsübergang

2020 Herbst Aufg.4d

Bei einem Inhaberwechsel eines Betriebes oder Betriebsteiles durch Rechtsgeschäft (z.B. Kauf, Erbe) handelt es sich um einen Betriebsübergang nach §613a BGB. Wesentliche Merkmale eines Betriebsüberganges sind: Für gleichwertige Arbeit darf nicht wegen des Geschlechts der oder des Beschäftigten ein geringeres Entgelt vereinbart oder gezahlt werden (§7 EntgTranspG). ArbN haben einen individuellen Auskunftsanspruch über die Kriterien ihres Entgeltes in Betrieben mit mehr als 200

Beschäftigten. Zudem können Beschäftigte die Höhe des für die Vergleichstätigkeit gezahlten Entgelts erfragen, wenn die Tätigkeit von mindestens sechs Personen des jeweils anderen Geschlechts ausgeübt wird (§10 EntgTranspG).

- Übernahme der Lagerbestände und Betriebsmittel
- Übernahme der Kunden und Lieferantenbeziehungen
- Fortführung der Tätigkeit des Unternehmens
- Ähnlichkeit der Tätigkeit vor und nach der Übernahme
- keine (bzw. lediglich vorübergehende) Unterbrechung der Geschäftstätigkeit

Nicht entscheidend ist es, ob die Firma (der UN-Name) oder die Rechtsform weitergeführt wird. Auch eine Übernahme eines Betriebes mit der Integration des Betriebes in ein anderes UN ist ein Betriebsübergang im Sinne des §613a BGB.
Rechtsfolgen des Betriebsüberganges sind gemäß §613a BGB:

- Übergang der Arbeitsverhältnisse
- Übergang der Rechte und Pflichten aus dem Arbeitsverhältnis auch Betriebsvereinbarungen oder tarifvertragliche Pflichten gelten weiter, unabhängig von der Tarifbindung des neuen Inhabers und dürfen nicht vor Ablauf eines Jahres zu Ungunsten des ArbN verändert werden.
- Kündigung des ArbN aufgrund des Betriebsüberganges ist unwirksam
- Unterrichtungspflicht der ArbN in Textform
- Widerspruchsrecht innerhalb eines Monates des ArbN über Übergang des Arbeitsverhältnisses

Auch die Übernahme eines Betriebes oder Betriebsteiles aus einer Insolvenz stellt einen Betriebsübergang mit den Verpflichtungen des §613a BGB dar. Dies bezieht sich jedoch nicht auf bereits entstanden Ansprüche (z.B. nicht geleistete Lohnzahlungen vor oder während der Insolvenz).

4.1.3 Beendigung eines Arbeitsverhältnisses

Das Arbeitsverhältnis endet durch

- ✓ Erreichung des gesetzlichen Rentenalters
- ✓ Tod des Arbeitnehmers (aber nicht des Arbeitgebers!)
- ✓ Erreichung des Befristungszeitraums / -zweckes (§15 TzBfG)
- ✓ Aufhebungsvertrag
- ✓ Kündigung

Unterschieden werden die ordentliche Kündigung und die außerordentliche Kündigung (fristlose Kündigung aus wichtigem Grund, §626 BGB). Beide Kündigungen bedürfen der **Schriftform** (§623 BGB i.V.m. §126 BGB) und sind **empfangsbedürftig** (§130 BGB).

4.1.3.1 Ordentliche Kündigung

2018 Herbst Aufg.4c | 2018 Früh Aufg.4c | 2017 Früh Aufg.3c | 2016 Herbst Aufg.4b | 2016 Früh Aufg.3b | 2015 Früh Aufg.4e

Solange kein gesetzlicher oder sonstiger Kündigungsschutz besteht, ist eine ordentliche Kündigung jederzeit und ohne Grund möglich. Das Kündigungsschutzgesetz gilt erst nach 6-monatiger Betriebszugehörigkeit und bei UN mit mehr als 10 MA.
Soweit nicht anders vereinbart gilt die gesetzliche Kündigungsfrist des §622 BGB (vier Wochen zum 15. oder Ende des Kalendermonats). Die Kündigungsfrist für den Arbeitgeber verlängert sich mit der Betriebszugehörigkeit (§622 Abs.2 BGB). Auch die Ausbildungszeit ist zu berücksichtigen, sofern diese ohne Unterbrechung in ein Arbeitsverhältnis übergeht. Während einer **vereinbarten Probezeit** von maximal sechs Monaten gilt eine Kündigungsfrist von zwei Wochen. Eine fehlerhafte Kündigungsfrist führt nicht zur Unwirksamkeit der Kündigung, sondern wird zum korrekten Termin wirksam.

4.1.3.2 Änderungskündigung

2017 Herbst Aufg.3a

Eine Änderungskündigung ist eine Kündigung in Verbindung mit dem Angebot, das Arbeitsverhältnis unter geänderten Bedingungen fortzusetzen. Die Ablehnung führt zu einer ordentlichen Kündigung. Die Annahme kann innerhalb von drei Wochen unter dem Vorbehalt erklärt werden, dass die Kündigung nicht sozial ungerechtfertigt wäre (§2 KSchG).

4.1.3.3 Außerordentliche Kündigung

2018 Herbst Aufg.4b

Aus wichtigem Grund kann das Arbeitsverhältnis jederzeit und ohne Einhaltung einer Kündigungsfrist gekündigt werden (§626 Abs.1 BGB). Die außerordentliche Kündigung hat spätestens zwei Wochen nach der Kenntnis des Kündigungsgrundes zu erfolgen. Auf Verlangen muss der Kündigungsgrund unverzüglich schriftlich mitgeteilt werden (§626 Abs.2 BGB).

Ein wichtiger Grund ist ein grobes Fehlverhalten, nachdem dem Kündigenden eine Fortsetzung des Arbeitsverhältnisses nicht mehr zuzumuten ist (z.B. sexuelle Belästigung von Kollegen, Diebstahl in einer Vertrauensstellung, aber nicht bei geringfügigem Diebstahl und langjähriger tadelloser Beschäftigung). Eine Kündigung ist aufgrund des **Maßregelungsverbotes** im §612a BGB ausgeschlossen, wenn der ArbN in zulässiger Weise seine Rechte wahrnimmt, z.B. sich an der Gründung eines Betriebsrates beteiligt oder das Arbeitsgericht anruft.

Prinzipiell ist auch vor einer außerordentlichen Kündigung eine Abmahnung notwendig - diese kann jedoch bei besonders schweren Pflichtverletzungen entfallen.

Prüfschema Außerordentliche Kündigung
1. Schriftform Kündigung (§§623, 126 Abs.1 BGB)?
2. Zugang Kündigung (§130 Abs.1 BGB)?
3. Eventuelle Zustimmungspflichten beachtet? (z.B. bei Betriebsräten, Mutterschutz, Schwerbehinderten)
4. Wichtiger Grund (§626 Abs.1 BGB)?
5. Kündigung innerhalb von 2 Wochen nach Kenntnis des Grundes (§626 Abs.2 BGB)?
6. unverzügliche Mitteilung des Grundes auf Verlangen?
7. Abmahnung erteilt oder ausnahmsweise entbehrlich?
8. Anhörung des BR (§102 Abs.1 BetrVG)?
9. 3-tägige Widerspruchsfrist BR abgelaufen, §102 Abs.2 BetrVG?

Wenn das Fehlverhalten des ArbN z.B. bei Diebstahl nicht erwiesen ist, kann auch eine **Verdachtskündigung** in Frage kommen. Dabei muss der ArbG jedoch zunächst Aufklärungsversuche machen. Die 2-wöchige Kündigungserklärungsfrist läuft erst, nachdem diese beendet sind. Bei der Verdachtskündigung muss es einen dringenden Verdacht geben, der auf objektive Tatsachen gegründet ist. Bloße Vermutungen allein reichen nicht aus. Der Verdacht ist dringend, wenn eine große Wahrscheinlichkeit dafür besteht, dass der Arbeitnehmer die Pflichtverletzung oder Straftat auch tatsächlich begangen hat.

4.1.3.4 Kündigungsschutz

2020 Herbst Aufg.4b | 2020 Früh Aufg.4b | 2018 Herbst Aufg.4d | 2018 Früh Aufg.4a | 2017 Herbst Aufg.3b | 2016 Herbst Aufg.4c | 2016 Früh Aufg.3b | 2015 Früh Aufg.4d,e | 2014 Früh Aufg.4a

Für verschiedene Personengruppen gilt ein besonderer Kündigungsschutz, z.B.:

✓ **Schwangeren** und **Müttern** in den ersten vier Monaten nach der Entbindung darf nicht gekündigt werden. Dies gilt auch

innerhalb einer eventuell bestehenden Probezeit. Voraussetzung ist die Kenntnis des Arbeitgebers oder die Mitteilung der Schwangeren bis spätestens zwei Wochen nach der Kündigung. Ein Fristversäumnis ist nur bei Nichtverschulden und unverzüglichem Nachholen der Mitteilung unschädlich (§17 Abs.1 MuSchG).
In besonderen Fällen kann die für den Arbeitsschutz zuständige oberste Landesbehörde ausnahmsweise eine Kündigung für zulässig erklären. Diese Fälle dürfen nicht mit der Schwangerschaft oder der Geburt in einem Zusammenhang stehen (§17 Abs.2 MuSchG).

- ✓ Während der **Elternzeit** darf nur in besonderen Fällen ausnahmsweise mit Zulässigkeitserklärung der für den Arbeitsschutz zuständigen obersten Landesbehörde gekündigt werden. Auftragsmangel oder ähnliche betriebsinterne Gründe sind keine zulässigen Gründe (§18 BEEG).
- ✓ **Schwerbehinderten** darf ab einer Betriebszugehörigkeit von sechs Monaten (§173 Abs.1 S.1 Nr.1 BetrVG) nur mit vorheriger Zustimmung des Integrationsamts gekündigt werden (§§168ff SGBIX). Dies gilt auch für außerordentliche Kündigungen.
- ✓ **Auszubildende** können nach Beendigung der Probezeit nicht ordentlich gekündigt werden (§22 Abs.2 BBiG)
- ✓ **Funktionsträger der Betriebsverfassung** (Mitglieder des Betriebsrates oder einer Jugend- und Auszubildendenvertretung bis ein Jahr nach Beendigung der Amtszeit (§15 Abs.1 KSchG), Betriebsratswahlvorstände und Bewerber bis sechs Monate nach Bekanntgabe Wahlergebnis (§15 Abs.3 KSchG).

Für alle anderen Arbeitnehmer gilt das **Kündigungsschutzgesetz**, wenn sie bereits sechs Monate im Betrieb beschäftigt sind (§1 KSchG) und der Betrieb regelmäßig mehr als zehn Ar-

beitnehmer beschäftigt (§23 KSchG). Danach ist eine Kündigung nur dann zulässig, wenn diese nicht sozial ungerechtfertigt ist.
Sozial ungerechtfertigt ist eine Kündigung, die nicht

- verhaltens-,
- personen- oder
- betriebsbedingt oder
- gegen eine Auswahlrichtlinie nach §95 BetrVfG verstößt
- oder eine Weiterbeschäftigungsmöglichkeit an einem anderen Arbeitsplatz im Unternehmen nicht berücksichtigt (§1 Abs.2 KSchG)

Eine **personenbedingte** Kündigung ist eine Kündigung, deren Grund in der Person des Arbeitnehmers liegt, z.B. eine fehlende Qualifikation (Führerscheinverlust o.ä.), Dauererkrankung (z.B. Alkoholismus trotz mehrerer Entziehungskuren) oder mangelnde körperliche oder geistige Eignung.
Da der Arbeitnehmer einen personenbedingten Grund nicht ändern kann, ist auch eine Abmahnung nutzlos und daher nicht notwendig. Entscheidend ist die **negative Prognose**, die **Beeinträchtigung der betrieblichen oder wirtschaftlichen Interessen des Arbeitgebers** durch die personenbedingten Gründe sowie eine **Interessenabwägung**, bei der Alter, Betriebszugehörigkeit und persönliche Umstände des Arbeitnehmers ebenfalls berücksichtigt werden.
Bei der **betriebsbedingten Kündigung** sind dringende betrieblichen Erfordernisse (z.B. wirtschaftliche Gründe, Umstrukturierungen) notwendig und der ArbG ist verpflichtet, anhand einer **Sozialauswahl** die Arbeitnehmer zu ermitteln, die am wenigsten schutzbedürftig sind (§1 Abs.3 KSchG). Dabei sind die Betriebszugehörigkeit, das Lebensalter, die Unterhaltspflichten und eine Schwerbehinderung der Arbeitnehmer zu berücksichtigen. Auf Verlangen muss der Arbeitgeber die Gründe angeben, die zu der getroffenen sozialen Auswahl geführt haben.

Ein **verhaltensbedingter** Grund liegt z.B. vor bei häufigen Fehlzeiten und Verspätungen, Alkohol am Arbeitsplatz, Nichtbefolgung von Anweisungen, ungenügende Leistungen durch Nichtausschöpfen der eigenen Leistungsfähigkeit.

Prüfschema Ordentliche Kündigung

1. Schriftform Kündigung (§§623, 126 Abs.1 BGB)?
2. Zugang Kündigung (§130 Abs.1 BGB)?
3. Besonderer Kündigungsschutz (z.B. BR, BBiG, MuSchG)?
4. Anhörung des BR (§102 Abs.1 BetrVG)?
5. sieben-tägige Widerspruchsfrist BR abgelaufen (§102 Abs.2 BetrVG)?
6. Kündigungsschutzgesetz anwendbar (>6 Monate Betriebszugehörigkeit, >10 Mitarbeiter, §§1,23 KSchG)?

bei Anwendbarkeit KSchG

6a. Ultima Ratio (Kündigung ist letztes Mittel)?
6b. Keine Weiterbeschäftigungsmöglichkeit
6c. Sozial gerechtfertigt?
- Abmahnung und Interessensabwägung bei Verhaltensbedingung
- Negativprognose und Interessensabwägung bei Personenbedingung
- dringende betriebliche Erfordernisse und Sozialplan bei Betriebsbedingung

7. Kündigungsfrist beachtet (§622 BGB)?

4.1.3.5 Abmahnung

2016 Herbst Aufg.4a

Dem Arbeitnehmer ist die Gelegenheit zu geben, sein Verhalten zu verändern, daher ist vor der Kündigung eine Abmahnung auszusprechen. Die Pflicht zur Abmahnung ist arbeitsrechtlich nicht speziell geregelt, sondern folgt aus §314 Abs.2

BGB. Nur wenn der Arbeitnehmer sein Verhalten trotz der Abmahnung nicht verändert, kann eine Kündigung gerechtfertigt sein.

Die Abmahnung hat eine **Dokumentations-**, **Rüge**- und **Warnfunktion**. Der Arbeitgeber beanstandet ein bestimmtes pflichtwidriges Verhalten des Arbeitnehmers und weist ihn auf die arbeitsrechtlichen Konsequenzen im Wiederholungsfalle hin. Sie muss mindestens folgenden Inhalt haben:

- Bestimmbare Benennung des abgemahnten Arbeitnehmers
- Präzise Dokumentation des Fehlverhaltens (Art, Ort, Datum)
- Hinweis, gegen welche Pflicht das Fehlverhalten verstößt
- Aufforderung, das pflichtwidrige Verhalten zukünftig zu unterlassen
- Androhung der arbeitsrechtlichen Konsequenzen (z.B. ordentliche Kündigung) bei fortgesetzten Fehlverhalten

Die Abmahnung ist **empfangsbedürftig**, neben dem Zugang muss der AN auch **Kenntnis von ihrem Inhalt** haben (es sei denn, er würde dies rechtsmissbräuchlich verhindern). Die Schriftform ist grundsätzlich nicht vorgeschrieben, aus Beweis- und Dokumentationsgründen jedoch üblich.

Grundsätzlich ist nur eine erfolglose Abmahnung Voraussetzung für eine Kündigung. Mahnt der ArbG das gleiche Verhalten mehrmals ab, ohne dass sich daraus Konsequenzen ergeben, wird die Warnfunktion derart abgeschwächt, dass es notwendig wird einen eindringlichen Hinweis auf der letzten Abmahnung zu geben, dass eine weitere Pflichtverletzung eine Kündigung nach sich zieht.

Die zu einer Kündigung führende Pflichtverletzung muss nicht identisch mit der vorher abgemahnten, sondern inhaltlich vergleichbar sein. Diese Gleichartigkeit der Pflichtverletzungen ist z.B. bei den verschiedenen Formen des unentschuldigten Fehlens gegeben (Verspätungen, vorzeitiges Verlassen des Arbeitsplatzes, fehlende Krankmeldungen, überzogener Urlaub). Eine zeitliche Befristung der Abmahnung ist gesetzlich nicht geregelt, sondern ergibt sich aus der Art und Schwere der Pflichtverletzung. Die Rechtmäßigkeit der Abmahnung kann entweder im Rahmen eines sich anschließenden Kündigungsschutzprozesses oder durch eine Beseitigungsklage arbeitsgerichtlich überprüft werden.

4.1.3.6 Kündigungsschutzklage

2017 Herbst Aufg.3a

Der ArbN kann innerhalb von drei Wochen nach Zugang der schriftlichen Kündigung Klage beim Arbeitsgericht auf Feststellung erheben, dass das Arbeitsverhältnis durch die Kündigung nicht aufgelöst ist (§4 KSchG).

4.1.3.7 Aufhebungsvertrag

Ein Aufhebungsvertrag ist eine einvernehmliche Vertragsbeendigung und bedarf der Schriftform (§623 BGB).

Eine Anfechtung des Aufhebungsvertrages wegen widerrechtlicher Drohung ist möglich, wenn der Arbeitgeber mit einer offensichtlich unrechtmäßigen Kündigung gedroht hat (aber nicht, wenn diese Kündigung von einem verständigen Arbeitgeber ernsthaft in Erwägung gezogen würde). Eine Androhung einer Strafanzeige (z.B. wegen Diebstahls) ist keine widerrechtliche Drohung und rechtfertigt keine Anfechtung.

4.1.3.8 Abfindung

Kündigt der ArbG betriebsbedingt und erhebt der ArbN keine Kündigungsschutzklage hat der ArbN einen Abfindungsanspruch von 0,5 Monatsgehältern für jedes Beschäftigungsjahr (§1a Abs.2 KSchG), wenn der ArbG den ArbN hierauf in der Kündigungserklärung hingewiesen hat. Der Abfindungsanspruch entsteht also durch ein freiwilliges Angebot des ArbG.

4.1.3.9 Beteiligungsrecht Betriebsrat

2020 Früh Aufg.4c / 2017 Herbst Aufg.3c / 2017 Früh Aufg.3c / 2014 Früh Aufg.4b

Der Betriebsrat hat ein **Anhörungsrecht** bei Kündigungen (§102 BetrVG). Dabei sind ihm die Kündigungsgründe, die Personalien des AN, die Kündigungsart und -frist sowie die für die Kündigung wesentlichen Personaldaten (Sozialdaten wie Alter, Dauer der Beschäftigung sowie Abmahnungen) mitzuteilen. Ohne Anhörung des BR ist die Kündigung **unwirksam**. Wenn der BR der Kündigung mit den Gründen des §102 Abs.3 BetrVG widerspricht, hat der ArbG den Gekündigten bis zum Abschluss des Arbeitsgerichtsprozesses weiter zu beschäftigen. Der BR muss seine Bedenken innerhalb von sieben Tagen (bei fristlosen Kündigungen von drei Tagen) schriftlich mitteilen, ansonsten gilt die Zustimmung des BR als erteilt (§102 Abs.2 BetrVG).

4.1.3.10 Arbeitszeugnis

Der Anspruch des ArbN auf ein schriftliches Arbeitszeugnis ergibt sich aus §630 BGB und §109 GewO. Unterschieden werden

- **Einfaches Zeugnis** – enthält Art und Dauer der Tätigkeit
- **Qualifiziertes Zeugnis** (auf Verlangen des AN) – zusätzlich Angaben über Leistung und Verhalten

Anforderungen an ein Arbeitszeugnis:

- ✓ Schriftform (§109 Abs.3 GewO)
- ✓ Wahrheit
- ✓ Klarheit (§109 Abs.2 GewO)
- ✓ Wohlwollend
- ✓ Vollständigkeit
- ✓ Verbot von Geheimcodes (§109 Abs.2 S.2 GewO)

4.2 Kollektives Arbeitsrecht

Das Kollektive Arbeitsrecht regelt die Mitbestimmung auf Unternehmensebene und im Betrieb, das Tarifvertragsrecht sowie die rechtlichen Bestimmungen des Arbeitskampfes (Streik und Aussperrung).

4.2.1 Verfassungsrechtliche Grundlage

Art. 9 Abs. 3 GG (**Koalitionsfreiheit**) gewährleistet für jedermann und für alle Berufe das Recht, zur Wahrung und Förderung der Arbeits- und Wirtschaftsbedingungen Koalitionen zu bilden. Das Grundrecht schützt die Freiheit des Einzelnen, eine derartige Vereinigung zu gründen, ihr beizutreten oder fernzubleiben. Außerdem schützt es die Koalitionen in ihrem Bestand und ihrer organisatorischen Ausgestaltung sowie solche Betätigungen, die darauf gerichtet sind, die Arbeits- und Wirtschaftsbedingungen zu wahren und zu fördern. Damit ist die **Tarifautonomie** ein verfassungsrechtlich geschütztes Recht von Gewerkschaften und Arbeitgeberverbänden und berechtigt die Tarifpartner zum Abschluss von Tarifverträgen in eigener Verantwortung.

4.2.2 Tarifvertragsrecht

Tarifverträge enthalten Rechte und Pflichten der Tarifvertragsparteien über Inhalt, Abschluss und Beendigung von Arbeitsverhältnissen (§ 1 TVG). Tarifvertragsparteien sind auf der einen Seite die Gewerkschaften und auf der anderen Seite einzelne Arbeitgeber bzw. Vereinigungen von Arbeitgebern (§2 Abs.1 TVG). Auch die Spitzenorganisationen (Zusammenschlüsse von Gewerkschaften oder Arbeitgebervereinigungen) können Tarifverträge abschließen (§2 Abs.2 TVG).

Tarifverträge gelten nur für die Tarifvertragsparteien und ihre Mitglieder, es sei denn sie wurden nach §5 TVG für allgemeinverbindlich erklärt.

4.2.3 Betriebsverfassungs- und Mitbestimmungsrecht

Das Betriebsverfassungsgesetz regelt die Errichtung, die Aufgaben und die Rechte des Betriebsrates (Interessenvertretung der Arbeitnehmer im Betrieb) sowie der Jugend- und Auszubildendenvertretung.

4.2.3.1 Errichtung Betriebsrat

2020 Früh Aufg.4a | 2018 Herbst Aufg.4e | 2015 Früh Aufg.4b,c

In Betrieben mit mindestens fünf ständigen wahlberechtigten Arbeitnehmern, von denen drei wählbar sind, kann ein BR gewählt werden (§ 1 BetrVG). BR ist also keine Pflicht, kann allerdings vom Arbeitgeber nicht verhindert werden (vgl. §§ 17 und 18 BetrVG).

Wahlberechtigt (=aktives Wahlrecht) sind alle Arbeitnehmer ab 18 sowie Leiharbeitnehmer nach über drei Monaten im Betrieb (§7 BetrVG). Dazu gehören auch die Mitarbeiter in Mutterschutz oder Elternzeit sowie bereits gekündigte Arbeitnehmer, sofern deren Arbeitsverhältnis noch besteht.

Wählbar (= passives Wahlrecht) alle Wahlberechtigten, die mindestens sechs Monaten dem Betrieb angehören (§8 BetrVG). Leiharbeitnehmer sind nach §14 Abs.2 S.1 AÜG nicht wählbar.

Keine Arbeitnehmer im Sinne des BetrVG sind

- leitenden Angestellten nach §5 Abs.3 und 4 BetrVG
- Mitglieder der Vertretungsorgane der Gesellschaften (§5 Abs.2 BetrVG)
- Ehegatten, enge Verwandte und Haushaltsmitglieder des ArbG (§5 Abs.2 Nr.5 BetrVG)

Die regelmäßigen Betriebsratswahlen finden alle vier Jahre in der Zeit vom 1. März bis 31. Mai statt. Eine Wahl außerhalb dieser Zeit ist in den in §13 Abs.2 BetrVG genannten Fällen zulässig, z.B. wenn bislang im Betrieb kein Betriebsrat besteht.

Die Anzahl der Betriebsratsmitglieder richtet sich nach der Anzahl der Mitarbeiter (§9 BetrVG), die Geschlechter müssen nach §15 Abs.2 BetrVG bei Betriebsräten ab drei Mitgliedern im zahlenmäßigen Verhältnis der Belegschaft vertreten sein. Ab 200 Arbeitnehmern ist ein Betriebsratsmitglied von der Arbeit freizustellen (§38 BetrVG), die Kosten und den Sachaufwand des Betriebsrates trägt der Arbeitgeber (§40 BetrVG).

4.2.3.2 Wahlvorstand

2015 Früh Aufg.4a

Der Wahlvorstand wird spätestens zehn Wochen vor Ablauf der Amtszeit vom Betriebsrat bestellt und besteht aus mindestens drei Personen (§16 Abs.1 BetrVG).

4.2.3.3 Arbeitsweise Betriebsrat

2017 Herbst Aufg.3c

Gem. §33 Abs.1 BetrVG werden die Beschlüsse des Betriebsrats mit der Mehrheit der anwesenden Stimmen gefasst, zur Beschlussfähigkeit müssen mindestens die Hälfte der Betriebsratsmitglieder oder Stellvertreter teilnehmen (§33 Abs.2 BetrVG).

Das Betriebsratsamt ist ehrenamtlich, die Mitglieder des Betriebsrates sind für ihre Tätigkeit (auch wenn diese außerhalb der Arbeitszeit liegt) von der Arbeit ohne Minderung des Arbeitsentgeltes zu befreien (§37 BetrVG). **Begünstigungen** oder **Benachteiligungen** aufgrund der Betriebsratstätigkeit sind nach §78 BetrVG untersagt. Benachteiligt ein Arbeitgeber ein befristet beschäftigtes BR-Mitglied, indem er wegen dessen Tätigkeit den Abschluss eines Folgevertrages ablehnt, kann das BR-Mitglied gemäß §280 Abs.1 BGB den Abschluss eines Folgevertrages als Schadensersatz im Wege der Naturalrestitution verlangen.

Die Verletzung der gesetzlichen Pflichten eines Betriebsrates kann nach §23 Abs.1 BetrVG zum Ausschluss aus dem Betriebsrat führen. Daneben sind auch vertragliche Ansprüche wie z.B. die Schadenersatzpflicht nach §280 BGB möglich.

4.2.3.4 Betriebsvereinbarungen

2015 Herbst Aufg.4d

Betriebsvereinbarungen sind vom Arbeitgeber und dem Betriebsrat gemeinsam zu beschließen und schriftlich niederzulegen (§77 Abs.2 BetrVG). Sie gelten unmittelbar und zwingend. Arbeitsentgelte und Bedingungen, die üblicherweise in Tarifverträgen geregelt sind, können nur dann Gegenstand einer Betriebsvereinbarung sein, wenn der Tarifvertrag dies ausdrücklich zulässt (§77 Abs.3 BetrVG). Das Günstigkeitsprinzip gilt hier nicht.

Inhalte von Betriebsvereinbarungen können insbesondere Regelungen zum Arbeits- und Umweltschutz, die Bekämpfung von Diskriminierung, die Errichtung von Sozialeinrichtungen, sowie Maßnahmen zur Förderung der Vermögensbildung sein. (§88 BetrVG). Darüber hinaus können Betriebsvereinbarungen Regelungen zu den Mitbestimmungsbereichen des §87 BetrVG zum Inhalt haben, soweit diese nicht im Tarifvertrag geregelt sind (bzw. wenn es keine Tarifbindung gibt).

4.2.3.5 Mitwirkungsrechte des Betriebsrates

2020 Herbst Aufg.4a

Die Mitwirkungsrechte des Betriebsrates unterteilen sich in

- **Mitbestimmungsrechte** – hier entscheidet der BR mit, entweder kann der Arbeitgeber nur mit Zustimmung des BR Entscheidungen treffen oder der BR hat ein Widerspruchsrecht in Ausnahmefällen (=eingeschränkte Mitbestimmungsrechte).
- **Mitwirkungsrechte** – hier darf der BR nicht mitentscheiden, muss aber angehört werden oder hat Beratungs-, Informations-, Vorschlags- oder Unterrichtungsrechte.

Der BR hat ein **Mitbestimmungsrecht:**

- in den in §87 BetrVG genannten **sozialen Fragen,** der Organisation der Arbeitszeit und des Urlaubs, Überwachung der ArbN durch technische Einrichtungen und der Entgeltzahlung
- bei **Änderungen der Arbeitsabläufe mit einer besonderen Belastung** der Arbeitnehmer unter den Voraussetzungen des §91 BetrVG,
- bei der Durchführung **beruflicher Bildungsmaßnahmen** (§98 BetrVG)
- bei einem **Sozialplan** (§112 BetrVG).

Kommt es in diesen Fragen zwischen BR und Arbeitgeber zu keiner Einigung, entscheidet die **Einigungsstelle** – diese hat einen unabhängigen Vorsitzenden und paritätisch besetzte Beisitzer (§76 BetrVG).

Bei Einstellung oder personellen Einzelmaßnahmen in Unternehmen mit mehr als zwanzig wahlberechtigten Arbeitnehmern kann der BR die **Zustimmung verweigern**, wenn die Gründe des §99 Abs.2 BetrVG erfüllt sind.

Der Betriebsrat hat ein **Informationsrecht** bei:

- personelle Einzelmaßnahmen (§99 Abs.1 BetrVG)
- Planung von Bauten, technischen Anlagen, Arbeitsverfahren und Arbeitsplätzen (§90 Abs.1 BetrVG)
- Personalplanung (§92 Abs.1 BetrVG)

Ein **Informations- und Beratungsrecht** steht dem BR bei

- Betriebsänderungen mit wesentlichen Nachteilen für ArbN (§111 BetrVG)
- Art und Umfang der Personalmaßnahmen, §92 Abs.1 BetrVG
- Auswirkungen auf ArbN durch Planung von Bauten etc. (§90 Abs.2 BetrVG)

Der Betriebsrat hat ein **Anhörungsrecht** bei Kündigungen (§102 BetrVG). Wenn der BR der Kündigung mit den Gründen des §102 Abs.3 BetrVG widerspricht, hat der AG den Gekündigten bis zum Abschluss des Arbeitsgerichtsprozesses weiter zu beschäftigen.
Diese Mitbestimmung bei personellen Einzelmaßnahmen gilt nicht für leitende Angestellte (§5 Abs.3 BetrVG). Die Kündigungen, beabsichtigte Einstellung oder personelle Veränderungen dieser Angestellten sind dem BR nach §105 BetrVG lediglich rechtzeitig mitzuteilen.

4.2.3.6 Rechte des Betriebsrats bei groben Verstößen des Arbeitgebers

Nach §23 Abs.3 S.1 BetrVG kann der Betriebsrat bei groben Verstößen des Arbeitgebers gegen seine Verpflichtungen aus diesem Gesetz beim Arbeitsgericht beantragen, dem Arbeitgeber aufzugeben, eine Handlung vorzunehmen, zu unterlassen oder die Vornahme einer Handlung zu dulden. Diese Vorschrift gibt dem Betriebsrat eine Art allgemeinen Anspruch gegen den Arbeitgeber auf Einhaltung seiner betriebsverfassungsrechtlichen Verpflichtungen. Dabei handelt es sich um eine Auffangvorschrift, die ergänzend zu den anderen Rechten des Betriebsrats sichern soll, dass sich der Arbeitgeber an das BetrVG hält. Andere Rechte des Betriebsrats werden durch §23 Abs.3 BetrVG nicht ausgeschlossen, sondern bestehen daneben und können parallel gerichtlich durchgesetzt werden. Die Vorschrift ist aber insbesondere für die Fälle von Bedeutung, in denen kein (eigenes) gerichtlich durchsetzbares Recht des Betriebsrats verletzt ist.

4.2.3.7 Straf- und Bußgeldvorschriften

Die Behinderung einer Betriebsratswahl, die Störung der Betriebsratstätigkeit und die Begünstigung oder Benachteiligung von BR-Mitgliedern wird nach §119 BetrVG mit Freiheitsstrafe bis zu einem Jahr oder Geldstrafe bestraft. Dies gilt auch für BR-Mitglieder für Geheimnisverletzungen nach §120 BetrVG.

4.2.4 Arbeitskampfrecht

Die wesentlichen Arbeitskampfmaßnahmen zur Durchsetzung der Interessen der Tarifparteien sind:

Streik - das Streikrecht ist das verfassungsmäßige Recht der Gewerkschaften und nur zulässig, wenn es auf den Abschluss eines Tarifvertrages gerichtet ist. Die streikenden Gewerkschaftsmitglieder erhalten statt ihres Lohnes ein Streikgeld von ihrer Gewerkschaft.

Aussperrung - die Aussperrung ist als Reaktion des Arbeitgebers auf einen Streik zulässig. Dabei werden die Arbeitnehmer unabhängig davon, ob diese gewerkschaftlich organisiert sind, von Ihrem Arbeitsplatz ferngehalten und verlieren damit auch Ihren Vergütungsanspruch. Die Aussperrung soll verhindern, dass ein Streik in einem Teilbereich oder bei einem wesentlichen Zulieferer für maximale Wirkung mit geringen Kosten auf Seiten der Gewerkschaft möglich ist.

Mit dem Ende der Gültigkeit des Tarifvertrages endet auch die **Friedenspflicht** der Tarifparteien. Dieses Verbot von arbeitsrechtlichen Kampfmaßnahmen muss nicht gesondert vereinbart werden, sondern ergibt sich aus dem Wesen eines Tarifvertrages als arbeitsrechtliche Friedensordnung. Sofern von den Tarifvertragsparteien nicht ausdrücklich etwas anderes vereinbart ist, wirkt die Friedenspflicht nicht absolut, sondern relativ. Sie bezieht sich nur auf die tarifvertraglich geregelten Gegenstände.

5. EU-Recht

Auswirkungen der EU-Gesetzgebung auf nationales Recht

5.1 Europäisches Primärrecht

Verträge der EU-Mitgliedstaaten, z.B. Gründungsvertrag EU. Durch das Primärrecht wird die Verteilung der Befugnisse und Zuständigkeiten zwischen der EU und den EU-Ländern bestimmt. Es bildet den rechtlichen Rahmen für die Formulierung und Umsetzung der Politik durch die Organe der EU.

Die relevantesten primärrechtlichen EU Verträge sind:

- EUV = Vertrag über die Europäische Union
- AEUV = Vertrag über die Arbeitsweise der Europäischen Union

Der EUV beinhaltet Grundlagenbestimmungen zu Zielen, Werten, Ermächtigungen, Zuständigkeit, Fundamentalprinzipien und Organen der EU. Der AEUV enthält zahlreiche institutionelle (Organe, Verfahren) und materielle (Zuständigkeiten/Kompetenzen) Ausführungsbestimmungen zur konkreten Umsetzung der EU-Politiken. Kernelement der europäischen Integration sind inhaltliche Regeln, insbesondere für den Binnenmarkt (Art. 26 AEUV).

Das Ziel der EU, einen gemeinsamen Markt mit u.a. freiem Warenverkehr zwischen den Mitgliedstaaten zu schaffen, wird untergraben, wenn die Unternehmen die abgeschafften staatlichen Handelsschranken durch private Marktaufteilungen und andere wettbewerbsbeschränkende Praktiken ersetzen.

Um dies zu verhindern und gleichzeitig einheitliche Rahmenbedingungen für die Unternehmen zu schaffen, sind im AEUV Wettbewerbsregeln für die Kartellbekämpfung (Artikel 101 AEUV) und die Missbrauchsaufsicht (Artikel 102 AEUV) verankert, die neben dem GWB Anwendung finden.

5.2 Europäisches Sekundärrecht

Die sekundären Rechtsvorschriften, also Verordnungen, Richtlinien, Entscheidungen und Beschlüsse, leiten sich von den in den Verträgen festgelegten Grundsätzen und Zielen ab.

Verordnungen

gelten unmittelbar, allgemein und in allen ihren Teilen verbindlich, z.B. die Datenschutzgrundverordnung (DSGVO) oder der Zollkodex der EU (UZK).

Richtlinien

Rechtsakt der EU, das von allen Mitgliedstaaten innerhalb einer bestimmten Frist in nationales Recht umgesetzt werden muss. Dabei ist das darin festgelegte Ziel (zum Beispiel ein Grenzwert bei umweltbelastender Produktion) verbindlich. Die Wahl der Mittel zur Erreichung des Ziels (Verbot oder Steueranreiz) bleibt aber den Mitgliedsstaaten überlassen. Eine Richtlinie hat keine unmittelbare Rechtswirkung. Beispiele: Feinstaubrichtlinie, Richtlinie über die Rechte der Verbraucher.

Beschlüsse - sind für diejenigen verbindlich und unmittelbar anwendbar, an die sie gerichtet sind (beispielsweise ein EU-Land oder ein einzelnes Unternehmen).

Empfehlungen - nicht verbindlich. In einer Empfehlung können die Institutionen ihre Ansichten äußern und Maßnahmen vorschlagen, ohne dass diese rechtlich bindend wären.

5.2.1 DSGVO

2020 Herbst Aufg.4a

Die Datenschutzgrundverordnung vereinheitlicht den Schutz personenbezogener Daten in der EU und gilt seit Mai 2018 unmittelbar und vorrangig der nationalen Gesetze (z.B. Bundesdatenschutzgesetz, BDSG). Die wichtigsten Regelungen der DSGVO sind:

- Personenbezogene Daten müssen auf rechtmäßige Weise, nach Treu und Glauben und in einer für die betroffene Person nachvollziehbaren Weise verarbeitet werden (Art 5(1) a)
- dem Zweck angemessen und erheblich sowie auf das für die Zwecke der Verarbeitung notwendige Maß beschränkt sein („Datenminimierung"), Art. 5(1) c
- Die Verarbeitung personenbezogener Daten ist nur aufgrund eines Erlaubnistatbestands gemäß Art.6 DSGVO zulässig, z.B. Einwilligung der betroffenen Person (Art.6 (1) a DSGVO), notwendige Verarbeitung zur Vertragserfüllung (Art.6 (1) b DSGVO), berechtigtes Arbeitgeberinteresse (Art.6 (1) f DSGVO)

BETRIEBSWIRTE
Die Gesetzessammlung
1. TEILPRÜFUNG
Gesetzestexte für die Klausuren:
Rechtliche Grundlagen
Marketing-Management
NICHT für die Situationsaufgaben der 2. Teilprüfung!
fachwirteverlag

Alphabetisches Register